日本語文法演習

ことがらの関係を表す表現

― 複文 ― 改訂版

小川誉子美
三枝令子
❖著

スリーエーネットワーク

© 2004 by OGAWA Yoshimi and SAEGUSA Reiko

All rights reserved. No part of this publication may be reproduced, stored in a retrieval system, or transmitted in any form or by any means, electronic, mechanical, photocopying, recording, or otherwise, without the prior written permission of the Publisher.

Published by 3A Corporation.
Trusty Kojimachi Bldg., 2F, 4, Kojimachi 3-Chome, Chiyoda-ku, Tokyo 102-0083, Japan

ISBN978-4-88319-802-3 C0081

First published 2004
Revised Edition 2019
Printed in Japan

はじめに

　このシリーズは、上級レベルの日本語を適切に産出するために、文法をわかりやすく整理・説明し使い方の練習をするものです。

　日本語の基本的な構造に深くかかわる文法項目（自動詞・他動詞、敬語、条件表現、時間の表現、指示詞、文末表現、助詞など）については、初級段階で一通り学びますが、中上級に至っても学習者から「使い方がよくわからない」という声がしばしば聞かれます。中上級では、これまで表現文型を指導するための努力が多く積み重ねられ教材も整ってきましたが、文の構造にかかわる文法項目については学習者の習得にゆだねられてきたような面があります。上級においてもそのレベルに応じた文法が必要です。それらを実例の文脈の中で積極的に学習し現場で使える教材を提供していきたいと考えています。

　学習者はもとより指導する立場の方々にも、文法は学習目標というより「便利な道具」であることをお伝えできれば幸いです。

　本書は、上記文法項目のうち、ことがらの関係を表す、複文を扱っています。例えば、
- ボールを投げて窓ガラスに当たったとき「ボールを投げたら窓ガラスが割れてしまった」と言えるが、「ボールを投げたとき窓ガラスが割れてしまった」とは言えない。
- 「評判の店だけあって、なかなかおいしい」と言えるが、「評判の店だけあって、今度行こう」とは言えない。
- 「ヒロ、忘れないでね」という発言に対する反論として、「いつも忘れるのは、あなたですよ」と言えるが、「あなたがいつも忘れますよ」とは言わない。
- 「テープをききながら日本語を勉強した」と言えるが、「テープをききがてら日本語を勉強した」とは言わない。

このようなことについても見ていきます。

　本書では、「とき」「たら」「て」「から」「ながら」などの初級項目もさらに掘り下げ、類義表現と比較しながら学んでいきます。内容が「腑に落ちる」ように、文法規則を最初に示すのではなく、使う人もルールを導きながら考えるという手法をとっています。まず、用例から問題を意識化し、次に文法上、用法上のルールを導き、さらにルールを確認しながら具体的な用例を見ていきます。最後に、総合演習では、実際使われている文の中で練習します。

　本書は2004年に出版した『複文』を改訂したものです。項目はほぼ踏襲し説明や用例などを補強、更新しました。一橋大学、横浜国立大学、専修大学での使用を通じ、多くのヒントやコメントをいただきました。また、編集の立場から佐野智子さん、中川祐穂さんに丁寧に原稿を見ていただきました。ここにお礼を申し上げます。

2019年　著者

この本を使う方へ

Ⅰ．目的
a．学習者の方へ
　本書では、条件、時間、理由、目的、引用、付帯、例示などの表現を類義表現とともに学びます。「こと」「の」「ところ」の機能や、「んですから」「んだったら」「がてら」「やら」などの話し言葉にあらわれる形式についても、ニュアンスの微妙な違いを理解し、適切に使えるようになることをめざします。

b．先生方へ
　ことがらの関係を表す表現には、時間的関係や因果関係が含まれますが、こうした関係は、話し手がとらえた関係です。ある状況を表すのに、時間の表現、条件の表現、あるいは、理由の表現のうちどれを選択するかは、話し手のとらえ方によります。しかし、ものごとのとらえ方とその表現の選択には、おおよそのルールがあり、このとらえ方を知ることが、実は、複文習得において大切なことなのです。本書では、それぞれの形式をいつ使うか意識させる場を可能な限り提供したつもりです。また、文法的に類義関係にあるとされる形式を中心に項目を取り上げましたが、学習者は、この枠を超えて、不適切な表現をしてしまうことも多々あるようです。本書を通じて、ものごとのとらえ方とその表現が理解され、話し手の意図が適切に表現できるようになることを願っています。本書を使用された先生から、ご意見をいただければ幸いです。

c．日本語教師養成課程で学ぶ方へ
　現在は学習中でも、将来、日本語を教えてみたいと考えている人、また、日本語教師養成課程で学ぶ人にも、次のような目的で使っていただけます。
　(1)日本語教育で問題となる項目と、それを克服するための文法教育の方法を知りたい。
　(2)学習者に必要な簡便で体系的な説明を知りたい。

Ⅱ．構成
a．ウォームアップ
・今までの学習でなんとなく知っていることについて、それが確かなものかどうか考え、より適切な使い方ができるようになりたいという動機を促す部分です。

b．本文
・「問」→「まとめ」→「練習」という流れで進んでいきます。
・「問」に答えながら、どのようなルールがあるのかを考えます。ここで引き出したルールを「まとめ」で整理します。それに基づいて、「練習」をします。

c．総合演習
・生の資料を読みます。書き手の意図を理解したうえで、複文の形式を選択する練習を繰り返し、本書で学んだことを確認します。

d．ちょっと一息
・本文の内容を補足します。ここには、上級学習者から多く聞かれる質問も含まれます。より知識を得たい人、日本語研究に関心がある人は、読んでください。

Ⅲ．使い方
a．一般的な使い方
ウォームアップ → 本文 → 総合演習
b．余力のある人は、
ウォームアップ → 本文 → 総合演習 → ちょっと一息
c．日本語教育に携わる人は、
ウォームアップ → 本文 → 総合演習 → ちょっと一息

Ⅳ．学習時間
50分授業：順接4回、逆接4回、時2回、原因・理由5回程度
　　　　　形式名詞でつなぐ3回、つなぐ表現3回
90分授業：順接2回、逆接2回、時1回、原因・理由3回
　　　　　形式名詞でつなぐ2回、つなぐ表現2回程度

目　次

はじめに ……………………………………………………………………………… iii
この本を使う方へ …………………………………………………………………… iv

Ⅰ　順接条件
ウォームアップ ……………………………………………………………………… 2
1．「と」「ば」「たら」「なら」
　　①「と」と「ば」 ……………………………………………………………… 4
　　②「たら」と「ば」 …………………………………………………………… 5
　●「もし」があるときとないとき …………………………………………… 6
　●実際には起こらなかったことを表す「たら」と「ば」………………… 6
　●「んだったら」……………………………………………………………… 7
　　③「たら」と「て」 …………………………………………………………… 8
　　④「なら」 ……………………………………………………………………… 8
　●「なら」と「は」…………………………………………………………… 9
2．条件を表す複合形（発展）
　(1)仮定を表す複合形
　　①「かぎり」 …………………………………………………………………… 11
　　②「ないことには〜ない」 …………………………………………………… 11
　　③「ては」 ……………………………………………………………………… 12
　　④「（よ）うものなら」 ……………………………………………………… 13
　　⑤「くらいなら」 ……………………………………………………………… 13
　(2)仮定・確定を表す複合形
　　①「とすれば」「とすると」「としたら」 ………………………………… 14
　　②名詞＋「ともなると」「ともなれば」 …………………………………… 14
3．総合練習 …………………………………………………………………………… 16

Ⅱ　逆接条件
ウォームアップ ……………………………………………………………………… 18
1．「ても」「のに」「が／けど」
　　①「ても」と「のに」 ………………………………………………………… 20
　　②「たって（だって）」 ……………………………………………………… 21

③「のに」と「が／けど」……………………………………………… 21
　　　④前置きの「んです（だ）が／けど」……………………………… 22
2．逆接を表す複合形（発展）
　(1)「ても」類
　　　①「といっても」………………………………………………………… 23
　　　②「と／にしても」……………………………………………………… 23
　　　③「（よ）うと」………………………………………………………… 25
　　　④「からといって」……………………………………………………… 25
　　　⑤「たところで」………………………………………………………… 26
　　　⑥「（よ）うにも」……………………………………………………… 27
　(2)「のに」類
　　　①「くせに」……………………………………………………………… 28
　(3)「けど」類
　　　①「は／ならともかく（とにかく）」………………………………… 28
　　　②「ものの」……………………………………………………………… 29
　　　③「にしては」…………………………………………………………… 30
　　　④「わりに（は）」……………………………………………………… 30
　　　●「にしては」と「わりに」…………………………………………… 31
3．総合練習 ……………………………………………………………………… 32

Ⅲ　時の表現

ウォームアップ ……………………………………………………………………… 34
1．とき（に）は
　　　①「るとき」と「たとき」……………………………………………… 36
　　　②「とき（に）」「ときは」……………………………………………… 37
　　　③「うちに」と「うちは」……………………………………………… 38
　　　④「る／たとき」と「と」……………………………………………… 39
　　　⑤「たとき」と「たら」………………………………………………… 39
2．場合（に）は
　　　①「場合」と「とき」…………………………………………………… 41
　　　②「場合（に）は」「場合に」…………………………………………… 42
　　　③「場合」と「たら」…………………………………………………… 42
　　　④「場合」と「なら」…………………………………………………… 43

3．時を表す表現（発展）
　　①「をきっかけに（して）」……………………………………………………… 44
　　②「なり」…………………………………………………………………………… 44
　　③「次第」…………………………………………………………………………… 45
　　④「末に」…………………………………………………………………………… 45
4．総合練習 ……………………………………………………………………………… 47

Ⅳ　原因・理由
ウォームアップ ………………………………………………………………………… 49
1．基本的な形
　　①「から」と「ので」…………………………………………………………… 51
　　●理由以外の「から」「ので」………………………………………………… 52
　　②「て」「なくて」………………………………………………………………… 53
　　③「ため（に）」…………………………………………………………………… 56
2．話し手の判断を含む形式
　　①「んですから（のだから）」…………………………………………………… 58
　　②「おかげで」と「せいで」…………………………………………………… 59
　　③「からには」と「以上（は）」………………………………………………… 60
　　④「からこそ」……………………………………………………………………… 61
　　⑤「ばかりに」……………………………………………………………………… 61
　　⑥「あまり（に）」………………………………………………………………… 63
　　⑦「だけに」と「だけあって」………………………………………………… 64
　　⑧「がゆえに／の」……………………………………………………………… 65
　　⑨「し」……………………………………………………………………………… 66
　　⑩二つ以上の原因・理由・きっかけ …………………………………………… 67
3．総合演習 ……………………………………………………………………………… 68

Ⅴ　形式名詞でつなぐ
ウォームアップ ………………………………………………………………………… 70
1．「こと」の用法
　　①「こと」と「もの」…………………………………………………………… 72
　　②名詞＋「のこと」……………………………………………………………… 73
2．「の」の用法
　　①名詞化 …………………………………………………………………………… 74

②「の」「こと」と動詞 …………………………………………………… 74
　　③「～のは～だ」 ………………………………………………………… 76
　3．「ところ」の用法
　　①「ところ」の意味 ……………………………………………………… 78
　　②「XところY」 ………………………………………………………… 78
　　③「Xところ（で・に・を）Y」 ………………………………………… 79
　4．総合練習 …………………………………………………………………… 81

Ⅵ　つなぐ表現

ウォームアップ ………………………………………………………………… 83
1．目的 ―「ために」「ように」「のに」「に」―
　　①「ために」「ように」 …………………………………………………… 85
　　②「のに」「に」 …………………………………………………………… 86
2．引用
　　①引用文 …………………………………………………………………… 87
　　②引用のモダリティ ……………………………………………………… 88
　　③「という」 ……………………………………………………………… 90
3．て形・連用中止形・なくて
　　①て形 ……………………………………………………………………… 92
　　②連用中止形 ……………………………………………………………… 92
　　③「なくて」「ないで」「ずに」「ず」「なく」 …………………………… 94
4．付帯状況・例示
　　①「ながら」 ……………………………………………………………… 96
　　②「まま」「つつ」「っぱなし」 ………………………………………… 97
　　③「がてら」「ついでに」「かたわら」「かたがた」 …………………… 99
　　④「と」「やら」「なり」 ………………………………………………… 101
5．総合練習 …………………………………………………………………… 103

総合演習 ………………………………………………………………………… 105
参考文献 ………………………………………………………………………… 113

I 順接条件

ウォームアップ

A.「て」「たら」「と」の中から適切なものを使って、一つの文にしてください。複数使える場合もあります。動詞は、必要なら活用させてください。

1. a. 仕事が終わる。家に帰れるのは何時ですか。
   →仕事が終わ_____、家に帰れるのは何時ですか。
   b. ああ、疲れた。仕事が終わる。家に帰れるんだけど。
   →仕事が終わ_____、家に帰れるんだけど。
   c. 仕事が終わる。みんなでお茶にしよう。
   →仕事が終わ_____、みんなでお茶にしよう。

2. a. 今朝、魚市場へ行った。魚を買った。
   →今朝、魚市場へ行_____、魚を買った。
   b. 今朝、魚市場へ行った。知り合いの魚屋さんが休みだった。
   →今朝、魚市場へ行_____、知り合いの魚屋さんが休みだった。

3. a. この廊下、人が歩き始める。電気がつく。
   →この廊下、人が歩き始め_____、電気がつく。
   b. 風邪を引いたと思う。早めに薬を飲みなさい。
   →風邪を引いたと思_____、早めに薬を飲みなさい。

4. a. 先週、京都へ行った。
   →先週、京都へ行_____、お寺を見物した。
   b. 京都へ行く。お寺を見物しよう。
   →京都へ行_____、お寺を見物しよう。

B．適切なほうを選んでください。
 1．窓を｛開けて・開けると｝、部屋の空気を入れ換えよう。
 2．窓を｛開けて・開けると｝、冷たい空気が部屋に入ってきた。
 3．A：暑いね。
   B：うん、こう｛暑いと・暑ければ｝、何もする気が起こらない。
 4．A：京都へ｛行ったら・行くなら｝、高速バスが安いよ。
   B：じゃあ、バスで行こう。
 5．A：洋書を買いたいんだけど。
   B：洋書を｛買えば・買うなら｝、インターネットが早くて便利だよ。
 6．A：まだ切符を買ってないんだ。
   B：じゃあ、駅に｛着くと・着いたら｝、まず切符を買わなきゃ。

1.「と」「ば」「たら」「なら」

①「と」と「ば」……………………………………………………………

問1 適切なほうを選んでください。
1. A：刺身食べないの？
   B：うん、生魚を｛食べると・食べれば｝、おなかが痛くなっちゃうんだ。
2. A：大変、電車に遅れちゃう。
   B：大丈夫。まだ時間があるから｛走ると・走れば｝間に合うよ。
3. 暴力は良くない。｛話すと・話せば｝わかるはずです。

> ❖「XとY」：習慣、自然現象のように、Xが起こるとYが必ず起こることを表す。
> 　　　　　「XとYた」は、小説等で客観的な描写によく用いられる。
> 　　　　　例：国境(くにざかい)の長いトンネルを抜けると雪国であった。
> 　　　　　　　　　　　　　　　　　　　　（川端康成(かわばたやすなり)『雪国(ゆきぐに)』）
> ❖「XばY」：Yが起こるにはどういうことが必要かを述べる。Xは仮定のことで、本当のことになるかまだわからない。ことわざや書き言葉でよく使う。

練習1-1 適切なほうを選んでください。
1. 今の季節は、風が｛吹くと・吹けば｝、ほこりがひどい。
2. A：加藤さんて、難しい人なんでしょ？
   B：でも、誠意を持って｛話すと・話せば｝、きっとわかってくれるよ。
3. 雨が｛降ると・降れば｝、洗濯物が乾かなくて困る。
4. 患者：手術が必要ですか。
   医者：いや、毎日運動をして、食事をきちんと｛取ると・取れば｝、良くなりますよ。

I 順接条件

練習1-2 次のことわざの動詞を「ば」を使って適切なものに変えてください。そして、ことわざの意味を下のa〜eの中から選んでください。

ことわざ
1. （住む　　　　　　　　）都。
2. 犬も（歩く　　　　　　　　）棒に当たる。
3. ちりも（積もる　　　　　　　　）山となる。
4. 朱に（交わる　　　　　　　　）赤くなる。
5. 喉元（過ぎる　　　　　　　　）熱さを忘れる。

a．どんな所でも慣れた所が一番いい。
b．人は付き合う仲間によって変わる。
c．思いがけずいいこと、もしくは、悪いことに出会う。
d．小さなことも集まれば大きなことになる。
e．苦しいことも終われば忘れてしまう。

②「たら」と「ば」

問1 適切なほうを選んでください。両方使える場合もあります。
1. 早く仕事が｛片付けば・片付いたら｝、飲み会に来てください。
2. トンネル内で事故が｛起これば・起こったら｝、先へ進んではいけない。
3. 明日忙しく｛なければ・なかったら｝、一緒に渋谷へ行きましょう。
4. 〈ことわざ〉終わり｛良ければ・良かったら｝すべて良し。

> ❖「XたらY」
> Xの後にYが起こることを表す。Yに命令（なさい）、依頼（てください）、希望（たい）、意志（よう）が来るのは「XたらY」だけ。ただし、Xが状態を表す述語（「ある」や形容詞など）のときは「XばY」も使える。話し言葉でもっともよく使われる。

練習1-1 一つの文にするとき、「ば」が使えますか。
1. 空港に着く。チェックインカウンターに行きなさい。　　　｛使える・使えない｝
2. タクシーに乗る。この行き先を言ってください。　　　　　｛使える・使えない｝
3. 時間がある。家に寄ってください。　　　　　　　　　　　｛使える・使えない｝
4. この会社は給料がいい。もっと働きたい人が集まる。　　　｛使える・使えない｝

練習1-2　左の欄の{ば・と・たら}の中から適切なものを選んでください。

	意味	よく使う文	Yに命令・依頼・希望・意志が来るか。
X{ば・と・たら}Y	Xは仮定のこと。	書き言葉、ことわざ	× （Xが状態を表す述語のときは○）
X{ば・と・たら}Y	Xの後で。	話し言葉	○
X{ば・と・たら}Y	XとYの関係が決まっていて、いつも必ずYになる。	自然現象、習慣	×

● 「もし」があるときとないとき

問2　どちらの文が適切ですか。
a．もし反対がなければ、この案を採用します。
b．もし春になったら、桜が咲く。

実現することが確かなときは「もし」が使えない。それ以外では使っても使わなくてもいいが、使ったほうが仮定の意味が{強い・弱い}。

練習2　次の文には「もし」が使えますか。
1．5時になったら、一緒に散歩に行きましょう。　　　　　　　{使える・使えない}
2．会議が長引いて5時になったら、先に帰って結構です。　　　{使える・使えない}

●実際には起こらなかったことを表す「たら」と「ば」

問3　文の意味として適切なほうを選んでください。
1．あの飛行機に乗っていたら、事故に遭っていた。
　　意味：実際には事故に{遭った・遭わなかった}。
2．もっと時間があれば、うまくできたのに。
　　意味：実際にはうまく{できた・できなかった}。

「XたらY」「XばY」には、実際には起こらなかったことを表す用法がある。Xの述語は{動作・状態}を表す述語のことが多い。Yには「た形」、あるいは、残念な気持ちの場合は「た形＋のに」を用いる。

I 順接条件

練習3 実際には起こらなかったことを表す文を完成してください。
1．お金があれば、＿＿＿＿＿＿＿＿＿＿＿＿＿＿＿＿＿＿＿＿＿＿＿＿＿＿＿＿＿。
2．今日の授業が休みだと知っていたら、＿＿＿＿＿＿＿＿＿＿＿＿＿＿＿＿＿＿＿。
3．急行に乗っていれば、＿＿＿＿＿＿＿＿＿＿＿＿＿＿＿＿＿＿＿＿＿＿＿＿＿。
4．ありがとう。あなたが手伝ってくれなければ、＿＿＿＿＿＿＿＿＿＿＿＿＿＿＿。
5．あの日、パーティに出かけなかったら、＿＿＿＿＿＿＿＿＿＿＿＿＿＿＿＿＿。

● 「んだったら」・・

問4-1 いつ連絡しますか。
1．授業を休んだら、先生に連絡したほうがいい。　　　　授業の｛前・後｝
2．授業を休むんだったら、先生に連絡したほうがいい。　授業の｛前・後｝
3．授業を休んだんだったら、先生に連絡したほうがいい。授業の｛前・後｝

問4-2 適切なほうを選んでください。
1．田中さん、コンビニに行く？　行｛ったら・くんだったら｝、一緒に行こう。
2．娘：3時の飛行機に乗るから。じゃあ、行って来ます。
　　母：北海道へ行｛ったら・ったんだったら｝、みなさんによろしく伝えてね。

❖「X（辞書形／た形）んだったらY」
相手の発話や他からの情報を受けて、「Xの場合には」という意味を表す。
「なら」「のなら」と言い換えられる。

練習4 適切なものを選んでください。複数使える場合もあります。
1．富士山に登｛ったら・るんだったら・ったんだったら｝、海も見えるかもしれない。
2．富士山に登｛ったら・るんだったら・ったんだったら｝、長袖の上着を持って行ったほうがいい。
3．富士山に登｛ったら・るんだったら・ったんだったら｝、たくさんきれいな写真が撮れたでしょう。
4．A：交通費って、高いね。
　　B：毎日学校へ行｛ったら・くんだったら・ったんだったら｝、定期を買ったほうがいいよ。
5．田中先生の授業に出た？　出｛たら・るんだったら・たんだったら｝、ノート貸してくれない？

6. 食事会に行｛ったら・くんだったら・ったんだったら｝、今はおなかがいっぱいでしょう。

③「たら」と「て」

問1 適切なほうを選んでください。

1. 図書館に行っ｛たら・て｝、資料を調べた。
2. 図書館に行っ｛たら・て｝、休館日だった。
3. このまま暖かい日が続い｛たら・て｝、桜が咲くよ。

> ❖「XたらY」
>   Yが現在形：Xの後どうなるか、どうするかを述べる。
>   Yが過去形：Yに予想していなかった変化、発見がある。
> ❖「XてY」
>   「て」が継起（Xの次にYが起こること）を表すときは、XとYは同じ主語。

練習1 適切なほうを選んでください。

1. 5時になっ｛たら・て｝、テニスをしましょう。
2. そば屋に入っ｛たら・て｝、みんな音を立ててそばを食べているのでびっくりした。
3. 日本に来｛たら・て｝、3年たちました。
4. 病院に行っ｛たら・て｝、受付に診察カードを出した。
5. 朝6時に起き｛たら・て｝、父が朝ご飯を作っていた。

④「なら」

問1 適切なものを選んでください。複数使える場合もあります。

1. 春になる｛なら・と・んだったら｝、桜が咲く。
2. A：おなか空いたねー。
   B：おなかが空く｛なら・と・んだったら｝、集中力がなくなるね。
3. A：締め切り、明日だって。
   B：えっ。締め切りが明日｛なら・だと・だったら｝、今回は諦めるしかない。

❖「XならY」①

1. 外部情報Xについて、Xの場合はYという判断をする。
2. 一般的なルールではなく、時間的順序とも関係しない。
3. 会話では、Xで相手の発話を受けることが多い。「それなら」もよく用いる。
4. 上の立場の人には使わない。
5. 「なら」と同じ意味で「んなら」「だったら」も使える。

動詞	（ん）なら	んだったら	例：行く（ん）なら　行くんだったら
い形容詞	（ん）なら	んだったら	例：寒い（ん）なら　寒いんだったら
な形容詞	なら	だったら	例：暇なら　暇だったら
名詞	なら	だったら	例：明日なら　明日だったら

練習1 文を完成してください。

1. A：ちょっとコンビニに行って来る。
   B：コンビニに行くなら、＿＿＿＿＿＿＿＿＿＿＿＿＿＿＿＿＿＿＿＿。
2. A：今のバイト、上司がうるさくて辞めたい。
   B：そんなに嫌だったら、＿＿＿＿＿＿＿＿＿＿＿＿＿＿＿＿＿＿＿＿。
3. A：風邪を引いたみたい。
   B：喉が痛いんなら、＿＿＿＿＿＿＿＿＿＿＿＿＿＿＿＿＿＿がいいよ。
4. A：誰もやる人がいなくて困っているんだ。
   B：それなら＿＿＿＿＿＿＿＿＿＿＿＿＿＿＿＿＿＿＿＿＿＿＿＿。
5. A：来週、京都へ行くんだ。
   B：えー、京都か。京都へ行くなら、＿＿＿＿＿＿＿＿＿＿＿＿＿＿＿。
6. AがBより大きく、BがCより大きいなら、＿＿＿＿＿＿＿＿＿＿＿＿＿。

●「なら」と「は」……………………………………………

問2-1 適切なほうを選んでください。両方使える場合もあります。

1. A：明日雨の予報だけど、ハイキングどうする？　行く？
   B：曇りぐらい｛は・なら｝いいけど、雨｛は・なら｝やめよう。
2. A：歯ブラシが見つからない！
   B：歯ブラシ｛は・なら｝本棚の上に置いてあったよ。

問2-2 aとbの違いは何ですか。

1. a．A：頭が痛い。熱っぽいし変だなあ。　B：風邪ならこの薬がいいよ。
   b．風邪にはこの薬がいい。
2. a．君ならできる。　b．君はできる。

> ❖「XならY」②
> 1．様々な選択肢の中から「この場合」と、一つを選ぶ。相手の発話や様子を受けることが多い。
> 2．「は」は、一般的な事柄、あるいは、対比を表す。
> 3．「なら」は、名詞だけでなく、動詞、形容詞も受けられる。

練習2 適切なほうを選んでください。

1. A：田中さんを知らない？
   B：田中さん｛は・なら｝さっき図書館で会ったよ。
2. A：あそこにいる人｛は・なら｝何している人？
   B：ああ、彼女、弁護士。
   A：それ｛は・なら｝日本の法律をよく知ってるはずだね。
3. A：旅行の参加希望者｛は・なら｝10人です。
   B：10人｛は・なら｝団体割引が受けられるよ。

☕ちょっと一息 ①

「ば」「なら」の列挙用法

「XばY」「XならY」には物事を並べ立てる用法があります。
　山が好きな人もいれば、海が好きな人もいる。
　彼は酒も飲めば、甘い物も大好きだ。
　ベニスが水の都なら、ウィーンは森の都だ。
　兄がひらめき型なら、弟は石橋を叩いて渡るタイプだ。
更に、「なら」には非難を表す列挙用法があります。
　子が子なら親も親だ。
　政治家が政治家なら、そういう人を選ぶ国民も国民だ。

I 順接条件

2. 条件を表す複合形（発展）

(1) 仮定を表す複合形

①「かぎり」

問1 適切なほうを選んでください。

1. 天気予報を見るかぎり、{明日の山の天気は良さそうだ・10日後の天気はわからない}。
2. このカードを付けているかぎり、{この建物には自由に入れます・カードを忘れてはいけません}。

❖「XかぎりY」
1. 「Xから判断するとY」（問1-1）。Xには、「見る、聞く、知る、調べる」などの動詞が来る。この場合は、「かぎりでは」も使う。
2. 「Xという状態が続く間は、それに関係するYの状態は変わらない」（問1-2）。Xは、状態表現か否定形が多い。この場合は「かぎりは」も使う。

練習1 文を完成してください。
1. 私が聞いたかぎりでは、彼は＿＿＿＿＿＿＿＿＿＿＿＿＿＿＿＿＿＿。
2. 彼が謝らないかぎりは、私は＿＿＿＿＿＿＿＿＿＿＿＿＿＿＿＿＿＿＿。
3. たばこと酒をやめないかぎり、＿＿＿＿＿＿＿＿＿＿＿＿＿＿＿＿＿＿＿。
4. ニュースを見るかぎり、＿＿＿＿＿＿＿＿＿＿＿＿＿＿＿＿＿＿＿＿＿。
5. ここに避難しているかぎり、＿＿＿＿＿＿＿＿＿＿＿＿＿＿＿＿＿＿＿。

②「ないことには～ない」

問1 どんな意味を表していますか。

1. 食べてみないことには、おいしいかどうかわからない。
    意味：話し手は食べる必要が{ある・ない}と思っている。
2. 予選を勝たないことには、本選に出られない。
    意味：話し手は予選に勝つ必要が{ある・ない}と思っている。

❖ 「XないことにはYない」
　Xが実現しなければ、Yが成立しない、とXの必要性を言う。
　「なければ」「なくては」「ないと」と言い換えられるが、Xの必要性を最も強く言うのは「ないことには」。

練習1 文を完成してください。
1．使ってみないことには、＿＿＿＿＿＿＿＿＿＿＿＿＿＿かどうかわからない。
2．両者の意見を聞かないことには、＿＿＿＿＿＿＿＿＿＿＿かわからない。
3．話し合わないことには、＿＿＿＿＿＿＿＿＿＿＿＿＿＿＿＿＿＿。
4．この仕事が終わらないことには、＿＿＿＿＿＿＿＿＿＿＿＿＿＿。

③「ては」

問1 適切なほうを選んでください。
1．こんなにうるさくては、{勉強ができない・静かにしてください}。
2．スマホばかり見ていては、目が{悪くなる・悪くなった}よ。

❖ 「XてはY」
　1．理由の「て」に「は」が付いた「ては」は、Yに困ったことや迷惑が来る。Yは現在形で、命令や依頼、意志は来ない。
　2．XがYの理由を表さないときの「ては」は、「Xすると、いつもY」の意味になる。
　　例：図書館に行っては、本を借りた。（＝図書館に行くたびに本を借りた）

練習1 文を完成してください。
1．おなかが減っていては、＿＿＿＿＿＿＿＿＿＿＿＿＿＿＿＿＿＿＿。
2．辞書がなくては、＿＿＿＿＿＿＿＿＿＿＿＿＿＿＿＿＿＿＿＿＿。
3．休みがこんなに短くては、＿＿＿＿＿＿＿＿＿＿＿＿＿＿＿＿＿。
4．あなたが手伝ってくれなくては、＿＿＿＿＿＿＿＿＿＿＿＿＿＿。
5．洗濯機が壊れていては、＿＿＿＿＿＿＿＿＿＿＿＿＿＿＿＿＿＿。

④「(よ) うものなら」

問1 話し手はどう思っていますか。

1. 彼にそんなことを言おうものなら、10倍になって返ってくる。
    話し手はそれを言おうと { 思っている・思っていない }。
2. 授業中おしゃべりをしようものなら、教室から出るように言われる。
    話し手はおしゃべりをしようと { 思っている・思っていない }。

❖「X（よ）うものならY」
　Xが起こると、よくないことYが起こることを表す。話し手は、Xをしないほうがいいと思っている。話し言葉。

練習1 文を完成してください。

1. もしこの事業に失敗しようものなら、＿＿＿＿＿＿＿＿＿＿＿＿＿＿＿。
2. 普段運動をしてないので、階段を一気に上ろうものなら、＿＿＿＿＿＿＿。
3. ちょっとでも遅刻しようものなら、＿＿＿＿＿＿＿＿＿＿＿＿＿＿＿＿＿。
4. あの人に反対の意見を言おうものなら、＿＿＿＿＿＿＿＿＿＿＿＿＿＿＿。

⑤「くらいなら」

問1 話し手はどういう気持ちですか。

1. A：歯が痛いなら、歯医者に行ったほうがいいよ。
    B：歯医者は苦手。歯医者に行くぐらいなら我慢する。
        Bさんの気持ち：{ 歯医者に行く・我慢する }
2. お酒をやめるくらいなら、死んだほうがまし。
    話し手の気持ち：お酒を { やめる・やめない }

❖「XくらいならY」
　Xをやりたくないということを言いたい。Yは「〜ほうがいい／ましだ」の形でよく使う。「ぐらいなら」も同じ。話し言葉。

練習1 文を完成してください。

1. 人に頼むくらいなら、＿＿＿＿＿＿＿＿＿＿＿＿＿＿＿＿＿＿ましだ。

2. 人が多い所は苦手。人ごみに出るくらいなら、＿＿＿＿＿＿＿＿＿＿＿＿＿＿＿＿＿。
3. 彼に頭を下げるぐらいなら、＿＿＿＿＿＿＿＿＿＿＿＿＿＿＿＿＿＿＿＿＿。
4. あんなまずいものを食べるくらいなら、＿＿＿＿＿＿＿＿＿＿＿＿＿＿ほうがいい。

(2) 仮定・確定を表す複合形

①「とすれば」「とすると」「としたら」

問1 適切なほうを選んでください。
1. 美術館に｛行けば・行くとしたら｝、午前中がいい。
2. ジョギング｛すると・するとしたら｝、体が軽くなる。
3. 財布を｛落とせば・落としたとすれば｝、スーパーの中だろう。

> ❖「XとすればY」「XとするとY」「XとしたらY」
> 「X（動詞）が本当だと仮定すると」という意味を表す。Yには、話し手の判断が来る。

練習1 文を完成してください。
1. アルバイトをするとしたら、＿＿＿＿＿＿＿＿＿＿＿＿＿＿＿で働きたい。
2. 家を建てるとしたら、＿＿＿＿＿＿＿＿＿＿＿＿＿＿＿＿＿＿＿がいい。
3. 台風が上陸するとすれば、＿＿＿＿＿＿＿＿＿＿＿＿＿＿＿＿＿だろう。
4. A：この道おかしいよ。
   B：道を間違えたとすれば、＿＿＿＿＿＿＿＿＿＿＿＿＿＿＿＿かな。
5. ＿＿＿＿＿＿＿＿＿＿＿＿＿＿＿とすると、家に帰るのは夜中になってしまう。
6. ＿＿＿＿＿＿＿＿＿＿＿＿＿＿＿とすれば、まずお金が必要だ。

②名詞＋「ともなると」「ともなれば」

問1 適切なほうを選んでください。
1. 人は、70歳ともなると、｛物忘れがひどくなる・仕事が忙しくなる｝ものだ。
2. ゴールデンウィークともなれば、｛観光地はどこも人でいっぱいだ・沖縄へ行きたい｝。

> ❖「X（名詞）＋ともなると／ともなればY」
> 「X（名詞）という時間、年齢、地位等では」という意味を表す。YにはXにちょうど合った状態が来る。

練習1 文を完成してください。

1. 桜の季節ともなると、公園は＿＿＿＿＿＿＿＿＿＿＿＿＿＿＿＿＿＿。
2. 社会人ともなれば、＿＿＿＿＿＿＿＿＿＿＿＿＿＿＿＿＿＿当然だ。
3. 昼の12時ともなれば、＿＿＿＿＿＿＿＿＿＿＿＿＿＿＿＿＿＿。
4. 就活ともなると、＿＿＿＿＿＿＿＿＿＿＿＿＿＿＿＿＿＿人が多い。
5. 大企業の社長ともなれば、＿＿＿＿＿＿＿＿＿＿＿＿＿＿＿＿＿＿。

☕ちょっと一息 ②

条件形の副詞、接続詞用法

よく使われる条件形は、慣用的に副詞や接続詞として使われます。

・できれば
　<u>できれば</u>今週中に完成させてください。

・そう言えば：前の話に関連することを思い出したときに使う。
　A：田中さん病気らしいね。
　B：<u>そう言えば</u>、このところ見かけないね。

・どちら（どっち）かと言うと／言えば
　A：ビールと日本酒、どっちが好き？
　B：<u>どちらかと言うと</u>ビールかな。

・ひょっとすると／ひょっとしたら＝もしかすると／もしかしたら
　彼が間違ったと思ったが、<u>ひょっとすると</u>僕の記憶違いかもしれない。

・そうすると：相手の話から結論を導く。
　A：先生の授業、毎回は出席できないんですが、隔週に出席してもよろしいですか。
　B：<u>そうすると</u>単位は出せませんが、それでもよければどうぞ。

・なんでしたら／なんだったら：場合によっては
　1．A：この仕事やってくれる人がいなくて困っちゃう。
　　　B：<u>なんでしたら</u>、私がやってもいいですよ。
　2．A：いつかゆっくり話したいね。
　　　B：<u>なんだったら</u>今晩どう？

3. 総合練習

1. 適切なほうを選んでください。
(1) 一旦｛始めれば・始めたら｝、途中でやめてはいけない。
(2) そのテレビ、捨て｛たら・るなら｝、私にください。
(3) 平和な世界を｛望むなら・望めば｝、勇気を出して立ちあがろう。
(4) そんなに急いで作｛れば・っては｝、うまくできませんよ。
(5) A：10人程度の小さな会を開きたいんだけど、どこかいい所ないかな。
　　B：それ｛は・なら｝大学通りにいい店があるよ。
(6) あの日パーティに行かな｛かったら・くて｝、彼と会うことはなかった。
(7) A：昨日、学校に来る電車が1時間も止まっちゃって、大変だった。
　　B：私｛は・なら｝来るの諦めてるよ。
(8) 株式のインターネット取引が急増している。今年の売買代金｛は・なら｝40兆円を超える見込みだ。
(9) 彼が田中さんに｛会えば・会うとしたら｝、来週のはずだ。

2. <u>正しくないもの</u>を一つ選んでください。
(1) 時間が｛あったら・あれば・あると｝、ジブリ美術館にも行こう。
(2) あのときスマホを持って｛いたら・いれば・いるなら｝、道に迷わなかったのに。
(3) 朝起きて外へ｛出たら・出ると・出ては｝、道がぬれていた。

3. 接続の言葉を入れ、動詞を適切な形にしてください。
(1) タクシーに（乗る：　　　　　　　）、まだ間に合うよ。
(2) 私はお酒を（飲む：　　　　　　　）、すぐ顔が赤くなるんです。
(3) 安く旅行（したい：　　　　　　　）、パックツアーにするといい。

4. 次は料理の作り方です。（　　　）の中の言葉を適切な形にしてください。
A：なんか簡単に作れる料理、ない？
B：（①それ：　　　　　　　）すいとんスープがいいよ。
A：どうやって作るの？
B：まず野菜、ニンジンとか玉ねぎとかなすを小さく切って、鍋に火を掛けて、鍋が熱く（②なる：　　　　　　　）油を入れて切った野菜を炒める。で、野菜に火が（③通る：　　　　　　　）、水とスープの素を加える。（④一人

分：　　　　　　　　）、水はカップ二杯。すいとんの種は、小麦粉にお湯を加えて、耳たぶぐらいの固さに練る。もしそば粉が（⑤ある：　　　　　　　）そば粉の方が香りがいいよ。で、スープが（⑥煮立つ：　　　　　　　）、すいとんの種を小さくちぎって入れて、上に浮かんで（⑦来る：　　　　　　　）、塩か醤油で味を付けて、出来上がり。

A：簡単でおいしそう。

5．適切なものを一つ選び、文を完成してください。同じ語は一回しか使わないでください。

①かぎりでは　②ことには　③ものなら　④くらいなら　⑤とすると　⑥ともなると

(1) 禁煙する（　　　　　　　）、死んだほうがましだ。
(2) 女の子は10歳（　　　　　　　）、おしゃれをしたがるものだ。
(3) ちょっとでも文句を言おう（　　　　　　　）、すごく怒られる。
(4) 社長が替わらない（　　　　　　　）、あの職場はよくならない。
(5) 年金だけで食べていこう（　　　　　　　）、生活は苦しいだろう。
(6) 私が聞いた（　　　　　　　）、彼は今中国だ。

ちょっと一息 ③

条件形を使ったモダリティ表現

・と／ば／たら＋いい
　早く暖かくなるといいね。
　また使えるから捨てないでもう一回使えばいい。
　お金が足りないんだけど、どうしたらいい？
・ても／なくても＋いい
　ここにあるコップ、使ってもいい？
　明日の研究会、行かなくてもいい？
・ては／なくては／なければ＋いけない／ならない／だめだ／困る
　そんなことを口にしてはいけないよ。
　今晩中にレポートを書かなくてはいけない。
　お茶で薬を飲んではだめだ。

II 逆接条件

ウォームアップ

A．適切なほうを選んでください。
1．a．ヤンさんはわからないことがあったら、私の所に｛聞きに来る・聞きに来ない｝。
   b．ヤンさんはわからないことがあっても、私の所に｛聞きに来る・聞きに来ない｝。
   c．ヤンさんは用がなくても、私の所に｛来る・来ない｝。
   d．ヤンさんはわからないことがあったのに、私の所に｛聞きに来た・聞きに来なかった｝。
2．a．雪の多い所で育ったから、スキーは｛うまい・うまくない｝だろう。
   b．雪の多い所で育ったが、スキーは｛うまい・うまくない｝。
   c．雪の多い所で育てば、スキーはうまく｛なる・ならない｝だろう。
   d．雪の多い所で育っても、スキーはうまく｛なる・ならない｝かもしれない。

B．「たら」か「ても」のどちらか適切なほうを使って、｛　　｝の中の文を一つにしてください。
1．今はどこも悪いところがない。｛年を取る。元気でいたい。｝
   →年を＿＿＿＿＿＿＿元気でいたい。
2．｛大学を卒業する。日系企業に就職したい。｝
   →大学を卒業＿＿＿＿＿＿＿日系企業に就職したい。
3．もうすぐ朝食の時間だ。息子はよく寝ていて、｛起こす。起きない。｝
   →起こ＿＿＿＿＿＿＿起きない。
4．遅刻しそうだが、｛走る。間に合うかもしれない。｝
   →遅刻しそうだが、走＿＿＿＿＿＿＿間に合うかもしれない。
5．｛困ったことがある。家族に相談しない。｝心配を掛けたくないからだ。
   →困ったことが＿＿＿＿＿＿＿家族に相談しない。

6．{人にぶつかる。謝る}のが当然だと思うが、近頃の人は、{人にぶつかる。謝らない。}
　→人にぶつか_____謝るのが当然だと思うが、近頃の人は、人にぶつか_____謝らない。

C．「ても」か「のに」のどちらか適切なほうを使って、一つの文にしてください。
　1．風邪を引かないように気を付けていた。風邪を引いてしまった。
　　　→風邪を引かないように気を付けてい_____風邪を引いてしまった。
　2．昨日山登りをして、今日は筋肉痛で足が痛い。仕事はできる。
　　　→筋肉痛で足が痛_____仕事はできる。
　3．李さんは歌が上手だ。どうして歌わないんですか。
　　　→李さんは歌が上手_____どうして歌わないんですか。
　4．A：この傘を使ってください。
　　　B：傘がない。大丈夫です。そんなに降っていないから。
　　　→B：傘が_____大丈夫です。

D．適切なほうを選んでください。
　1．頭痛がひどい{のに・けど}よく酒なんか飲んでいられるね。
　2．本を探している{のに・が}この図書館にはないだろう。
　3．家から駅までは急な上り坂で、毎日、帰りはいい{のに・けど}行きが大変だ。
　4．注文しな{くても・いが}、飲み物は無料で付いてくる。
　5．旅行には参加する{のに・が}、二日目からだ。

1.「ても」「のに」「が／けど」

①「ても」と「のに」

問1 適切なほうを選んでください。
1．昨日、会社の前を通ったら、休みの日 { でも・なのに } 電気が付いていた。
2．友達が家にいると思って { いても・いたのに } 留守だった。
3．急 { いでも・ぐのに } 電車の時間に間に合わないだろう。

> ❖「XてもY」「XのにY」
> Xから当然予想される結果がYに来ない。
> 「XてもY」のXは、{ 仮定・事実 } のことが多い。
> 「XのにY」のXとYは { 仮定・事実 } のことが多い。そのため、話し手の意外感、不満が強い。「XのにY」のYに命令、意志、推量は来ない。

練習1 「ても」か「のに」のどちらか適切なほうを使って、{　} の中の文を一つの文にしてください。

1．A：辛い料理、食べられますか。
　　B：ええ。{ 辛い。食べられます }。
　　→ええ、辛＿＿＿＿＿＿＿食べられます。
2．{ 始まったばかりだと思っていた。もう40分もたっていた }。
　　→始まったばかりだと思ってい＿＿＿＿＿＿＿もう40分もたっていた。
3．{ 一人で静かにしていたかった。飲み会に引っ張り出された }。
　　→一人で静かにしていた＿＿＿＿＿＿＿飲み会に引っ張り出された。
4．特殊な本だから、{ 大きい本屋に行く。見つからないだろう }。
　　→大きい本屋に行＿＿＿＿＿＿＿見つからないだろう。
5．{ 寒い。暖房が壊れている }。
　　→寒＿＿＿＿＿＿＿暖房が壊れている。
6．{ 生活が苦しい。目標を見失ってはいけない }。
　　→生活が苦＿＿＿＿＿＿＿目標を見失ってはいけない。

②「たって（だって）」

問1 下線部「ても（でも）」を「たって（だって）」を使って、変えてください。
1. 歩いてもそんなに時間はかからない。→
2. 部屋がいくら汚くても気にならない。→
3. 子供でも知ってる。→

❖「たって（だって）」
「ても」と言い換えられるが、{話し・書き} 言葉で用いる。動詞は、「たって／だって」、名詞・な形容詞は「だって」、い形容詞は「くたって」となる。

練習1 「たって」を使って、適切な文にしてください。
1. 試験が近いから、日曜（　　　　　　）勉強してる。
2. いくら説明（　　　　　）わかってくれなかった。
3. どんなに急（　　　　　）間に合わなかっただろう。
4. 少しぐらい高（　　　　　　）構わない。

③「のに」と「が／けど」

問1 適切なほうを選んでください。
1. あの店員、失礼で腹が立つ。声を掛けた {けど・のに} 向こうへ行ってしまった。
2. A：いつが都合がいい？
   B：2月は忙しい {けど・のに}、3月は暇。

「XのにY」は、「Xが／けどY」より意外、不満な感じが強い。Yには事実でないことは来ない。
「けど」は、話し言葉で使う。

練習1 適切なほうを選んでください。両方使える場合もあります。
1. 確かに私の国にも消費税はある {が・のに}、日本ほど高くはない。
2. 一日8時間も勉強した {が・のに}、試験に落ちてしまった。
3. リーさんは、国からの仕送りがない {が・のに}、頑張っていますね。
4. 締め切りまでに日がない {が・のに}、精一杯頑張るしかない。

5．医者に止められていた {が・のに}、酒を飲みすぎて病気になった。

④前置きの「んです（だ）が／けど」

問1 次の「が／けど」は、後ろに続く表現をわかりやすくするための前置きですか、あるいは、「しかし」の意味で使われていますか。

1．プリンターがうまく動かないんですが、直してもらえませんか。
　　　　　　　　　　　　　　　　　　　　　{ 前置き・「しかし」の意味 }
2．熱を出して頭が痛かったんですが、病院に行きませんでした。
　　　　　　　　　　　　　　　　　　　　　{ 前置き・「しかし」の意味 }
3．医者に行きたいんですが、いい医者を知りませんか。{ 前置き・「しかし」の意味 }

> 聞き手が驚かないように、依頼をやわらかく伝えたり、話の内容をわかりやすくするために「んですが／けど」を「前置き」として使う。

練習1　文を完成してください。
1．ここだけの話なんだけど、＿＿＿＿＿＿＿＿＿＿＿＿＿＿＿＿＿＿＿＿＿＿。
2．最近本で読んだんだけど、＿＿＿＿＿＿＿＿＿＿＿＿＿＿＿＿＿＿＿＿＿＿。
3．昨日デパートに行ったんですが、＿＿＿＿＿＿＿＿＿＿＿＿＿＿＿＿＿＿＿。
4．来月国から友達が＿＿＿＿＿＿＿＿＿＿＿が、どこを案内したらいいでしょうか。
5．＿＿＿＿＿＿＿＿＿＿＿＿＿＿＿＿＿＿＿＿＿が、お時間おありでしょうか。
6．＿＿＿＿＿＿＿＿＿＿＿＿＿＿＿＿＿＿＿が、地球の温暖化が進んでいるようです。

2. 逆接を表す複合形（発展）

(1)「ても」類

①「といっても」

問1 適切なほうを選んでください。
1. 明日テストなんだ。テストといっても {10分で終わる・勉強しないとできない} ものだけど。
2. A：就職決まったんだって？
   B：決まったといっても {小さな・大きな} 会社ですよ。

> ❖「XといってもY」
> Xの内容はそれほど意味のあることではない、とYで一部修正を加える。話し言葉。

練習1 （　　　）の中に適切な言葉を入れてください。
1. A：中国へ行ったの？
   B：行ったといっても（　　　　　　　　　　）だ。
2. A：リーさん、昨日のパーティで料理を作ったんだって？
   リー：料理を作ったといっても野菜を（　　　　　　　　）です。
3. あの会社、会社といっても従業員が（　　　　　　　　）なんだけど、新しい事業を始めるんだって。

②「と／にしても」

問1 適切なほうを選んでください。
1. いろいろ問題があるとしてもこの制度は続ける {べきだ・必要はない}。
2. その話は冗談にしても {おもしろい・ひどい}。
3. 彼と {結婚する・結婚した} としても、来年以降だ。
4. みんなが {反対する・反対した} としても、このダムは建設された。

❖ 「Xと／にしてもY」
　Xという仮定からの予想に反して、Yにそれと異なる実態や判断が来る。
「X（た形）としてもYた」の場合、実際には「Xしなかった」の意味になる。
「ても」と言い換えられるが、Xの事態の起こる可能性が「ても」より低い。

練習1　文を完成してください。
1．公園を作るとしても、＿＿＿＿＿＿＿＿＿＿＿＿＿＿＿＿＿＿＿＿＿＿＿＿＿＿＿。
2．間に合わないにしても、＿＿＿＿＿＿＿＿＿＿＿＿＿＿＿＿＿＿＿＿＿＿＿＿＿。
3．この方法が間違っているとしても、＿＿＿＿＿＿＿＿＿＿＿＿＿＿＿＿＿＿＿＿。
4．事前に面接の内容がわかっていたとしても、＿＿＿＿＿＿＿＿＿＿＿＿＿＿＿＿。
5．たとえ彼にふられたとしても、＿＿＿＿＿＿＿＿＿＿＿＿＿＿＿＿＿＿＿＿＿。
6．自分で会社を作ったとしても、＿＿＿＿＿＿＿＿＿＿＿＿＿＿＿＿＿＿＿＿＿。

☕ちょっと一息 ④

「ても」のその他の用法

「XてもY」はYが成立する一つの場合を挙げるのが本来の意味です。
逆接の「ても」のほかに次のような用法があります。
1．例示
　　統計的に見ても失業率と自殺率には密接な関係がある。
　　過去の事例と比べても今回の対応は不十分だった。
　　自宅のインターネットからアクセスしても航空券は買える。
　　買い物に出かけても家にいる犬のことが気になってしまう。
2．並列
　　煮ても焼いてもおいしい。
　　行っても行かなくてもいい。
3．無条件
　　どこへ行っても人が多い。
　　いつ訪ねても歓迎してくれる。
　　いくら払っても手に入れたい。

Ⅱ 逆接条件

③「(よ) うと」

問1 適切なほうを選んでください。
1．どんなに彼のことを悪く言われようと、彼に対する私の気持ちは{変わってしまった・変わらない}。
2．会社の業績がどんなに上がろうと、社員の給料は{上がっていく・上がらない}。

> ❖「X(よ)うとY」
> 「Xの述部の内容に関係なく、Yの事柄が成り立つ」。Yには、Xの内容に影響されないという主張が来る。Xに「たとえ、どんなに、いくら」等の表現がよく用いられる。
> ほとんどの場合「XてもY」と言い換えられるが、「X(よ)うとY」のほうが強い印象を与える。

練習1 文を完成してください。
1．私がどんなに反対しようと、＿＿＿＿＿＿＿＿＿＿＿＿＿＿＿＿＿＿＿＿＿＿。
2．私はどんなに忙しかろうと、＿＿＿＿＿＿＿＿＿＿＿＿＿＿＿ことにしている。
3．たとえ熱があろうと、＿＿＿＿＿＿＿＿＿＿＿＿＿＿＿＿＿＿＿＿＿＿＿＿。
4．彼は人が何と言おうと、＿＿＿＿＿＿＿＿＿＿＿＿＿＿＿＿＿＿＿＿＿＿＿。

④「からといって」

問1 適切なほうを選んでください。
1．金持ちだからといって{幸せに決まっている・幸せとは限らない}。
2．大学を出たからといってすぐ{就職できた・就職できるとは限らない}。

> ❖「XからといってY」
> Xという理由から予想されるようにはならない。Yの文末は、「わけではない／とは限らない」という形が多い。
> 話し言葉では「からって」とも言う。「XてもY」と言い換えられる。

練習1　文を完成してください。
1. ＿＿＿＿＿＿＿＿＿＿＿＿＿＿＿＿＿＿からといって日本語が上手なわけではない。
2. 早く申し込んだからといって、＿＿＿＿＿＿＿＿＿＿＿＿＿＿＿＿＿とは限らない。
3. 努力したからといって、＿＿＿＿＿＿＿＿＿＿＿＿＿＿＿＿＿＿＿＿＿＿＿＿＿。
4. 友達だからといって、＿＿＿＿＿＿＿＿＿＿＿＿＿＿＿＿＿＿＿＿＿＿＿＿＿＿。

⑤「たところで」

問1　適切なほうを選んでください。
1. A：タクシーに乗る？
   B：乗る必要はないよ。歩いたところで｛間に合わない・5分とかからない｝。
2. どんなに調べたところで、インターネットでは正しい情報が｛得られる・得られない｝とは限らない。

❖「XたところでY」（逆接）
Xから予想されることを否定する。
Xには、「どんなに」「いくら」と一緒に動作性の動詞が来ることが多い。
「XてもY」と言い換えられる。話し言葉。

練習1　文を完成してください。
1. A：急いだら6時の開演に間に合うかな。
   B：＿＿＿＿＿＿＿＿＿＿＿＿＿＿＿＿＿＿ところで6時には着かないだろう。
2. ＿＿＿＿＿＿＿＿＿＿＿＿＿＿＿＿＿＿＿＿＿ところですぐには治らない。
3. どんなに＿＿＿＿＿＿＿＿＿＿＿＿＿＿ところで、あの人は引き受けないだろう。
4. いくら計画を立てたところで、＿＿＿＿＿＿＿＿＿＿＿＿＿＿＿＿＿＿＿＿＿。
5. どんなに悩んだところで＿＿＿＿＿＿＿＿＿＿＿＿＿＿＿＿＿＿＿＿＿＿＿＿。

⑥ 「(よ) うにも」

問1 適切なほうを選んでください。

1. 頭が痛くて{薬を買おうにも買えない・集中しようにも集中できない}。
2. プリンタの調子がおかしいので、{印刷しようにも印刷できない・直そうにも直せない}。

❖ 「X (よ) うにもY」

「Xしよう、したいと思ってもYできない」。XとYに同じ動詞が来る。

練習1 文を完成してください。

1. 箸もスプーンもなくて＿＿＿＿＿＿＿＿＿＿＿＿＿＿＿＿＿＿＿＿＿＿＿。
2. 隣の部屋がうるさくて＿＿＿＿＿＿＿＿＿＿＿＿＿＿＿＿＿＿＿＿＿＿＿。
3. 交代の人が来ないので＿＿＿＿＿＿＿＿＿＿＿＿＿＿＿＿＿＿＿＿＿＿＿。
4. 言葉が通じないので＿＿＿＿＿＿＿＿＿＿＿＿＿＿＿＿＿＿＿＿＿＿＿＿。

❖ 「ても」の発展形のまとめ

	Xの内容	Yの内容	「ても」との言い換え
XといってもY	事実	Xの一部修正	×
Xと／にしてもY	仮定	Xからの予想に反する判断	○
X (よ) うとY	仮定	Xからの予想と関係ないという主張	○
XからといってY	理由	理由から予想されることを否定する	○
XたところでY	仮定	Xからの予想を否定する	○
X (よ) うにもY	希望	Xという希望を否定する	×

(2) 「のに」類

① 「くせに」……………………………………………………………

問1 適切なほうを選んでください。
1．経験もないくせに｛見事な作品だ・文句が多い｝。
2．A：ゲームしよう。
　　B：え、また？　いつも｛強い・負ける｝くせに。

> ❖「XくせにY」
> 「XのにY」に近いが、話し手に非難の気持ちがある。XとYの主語は同じ。話し言葉で使う。

練習1　文を完成してください。
1．やればできるくせに＿＿＿＿＿＿＿＿＿＿＿＿＿＿＿＿＿＿＿。
2．自分が壊したくせに＿＿＿＿＿＿＿＿＿＿＿＿＿＿＿＿＿＿＿。
3．持っているくせに＿＿＿＿＿＿＿＿＿＿＿＿＿＿＿＿＿＿＿＿。
4．足が痛いくせに＿＿＿＿＿＿＿＿＿＿＿＿＿＿＿＿＿＿＿＿＿。
5．怠け者のくせに＿＿＿＿＿＿＿＿＿＿＿＿＿＿＿＿＿＿＿＿＿。

(3) 「けど」類

① 「は／ならともかく（とにかく）」……………………………………

問1 適切なほうを選んでください。
1．勝敗はともかく、｛できれば勝ちたい・ベストを尽くそう｝。
2．海外に移住を希望する人が多いそうだ。若いうちならともかく｛年を取ってもがんばりたい・年を取っていたら大変だ｝。

> ❖ 「XはともかくY」
>   「Xのことは今考えないでY」。Xは名詞。
> ❖ 「XならともかくY」
>   「Xの場合はそれが許されるが／可能だが、Yの場合は難しい」。Xは、名詞、形容詞、動詞。
>   どちらもYの内容がより言いたいこと。

練習1　文を完成してください。

1．あの人、顔はともかく、＿＿＿＿＿＿＿＿＿＿＿＿＿＿＿＿＿＿＿＿＿＿＿＿＿＿。
2．A：加藤さんの意見は正論ですね。
　　B：正論かどうかはともかく、彼の話は＿＿＿＿＿＿＿＿＿＿＿＿＿＿＿＿＿。
3．A：行きたくないなあ。
　　B：雪が降ってるならともかく、雨じゃ＿＿＿＿＿＿＿＿＿＿＿＿＿＿＿＿＿。
4．A：バイト、仕事は大変なのに、バイト代が安くて。
　　B：その仕事が気に入ってるならともかく、＿＿＿＿＿＿＿＿＿＿＿＿＿＿。

②「ものの」

問1　適切なほうを選んでください。

1．日本のメダル獲得数はアメリカ、ロシアに及ばないものの、前回の大会を大幅に{上回った・下回った}。
2．スキー自体の人気は回復しているものの、スキー場は{業績が不振だ・業績が回復している}。

> ❖ 「XもののY」
>   Xから普通に予測されることと違うことをYで述べる。「が／けど」に言い換えられる。
>   Xは、状態表現や「た形」の動詞句が多い。

練習1-1　適切なほうを選んでください。

1．海外に出かける人の数は依然低水準にあるものの、回復傾向に{ある・ない}。
2．Aフードチェーンの売上高は目標を約10億円下回ったという。既存店の売上高は好調だったものの、新規店舗の売り上げが計画を{超えた・下回った}ようだ。

練習1-2　文を完成してください。

1．アイデアはいろいろあるものの、＿＿＿＿＿＿＿＿＿＿＿＿＿＿＿＿＿＿＿＿＿。
2．別荘を買ったものの、＿＿＿＿＿＿＿＿＿＿＿＿＿＿＿＿＿＿＿＿＿＿＿＿＿。
3．やりますと言ったものの、＿＿＿＿＿＿＿＿＿＿＿＿＿＿＿＿＿＿＿＿＿＿。
4．観光地とはいうものの、＿＿＿＿＿＿＿＿＿＿＿＿＿＿＿＿＿＿＿＿＿＿＿。

③「にしては」

問1　適切なほうを選んでください。

1．練習していなかったにしては｛上手だ・下手だ｝。
2．長く旅行するにしては荷物が｛少ない・多い｝。
3．A：掃除した？
　　B：したよ。
　　A：それにしては｛きれいだ・汚い｝ね。

❖「XにしてはY」
　Xを基準にして考えたとき、そこから普通に考えられることと異なることをYで述べる。Xに対する疑いがほのめかされることもある。（問1-3）

練習1　文を完成してください。

1．初めて作ったにしては＿＿＿＿＿＿＿＿＿＿＿＿＿＿＿＿＿＿＿＿＿＿＿＿。
2．1年しか日本語を勉強しなかったにしては＿＿＿＿＿＿＿＿＿＿＿＿＿＿＿。
3．来週試合があるにしては＿＿＿＿＿＿＿＿＿＿＿＿＿＿＿＿＿＿＿＿＿＿。
4．平日にしては＿＿＿＿＿＿＿＿＿＿＿＿＿＿＿＿＿＿＿＿＿＿＿＿＿＿＿。

④「わりに（は）」

問1　適切なほうを選んでください。

1．まずいと文句を言うわりに｛よく食べる・あまり食べない｝。
2．激しい論争があったわりに、見るべき成果が｛あった・なかった｝。

❖「Xわりに（は）Y」

Xの程度にYが釣り合っていないことを述べる。「XにしてはY」と言い換えられることが多い。「わりに」のXは、程度を表す。Xに固有名詞は来ない。

練習1 文を完成してください。
1．あまり勉強しなかったわりには、成績は_____。
2．家が裕福なわりには、着ているものは_____。
3．重要性が指摘されているわりに、政府の動きは_____。

●「にしては」と「わりに」……………………………………

問2 適切なほうを選んでください。
1．働いた時間｛にしては・のわりに｝給料が少ない。
2．料理のうまい鈴木さん｛にしては・わりに｝、このカレーはいまいちだ。

❖ Xが名詞の場合

「XにしてはY」のXには、特定の具体的なことしか来ない。
「XわりにY」のXは抽象概念。（例：「時間」、「値段」、「年齢」など）

練習2 適切なほうを選んでください。
1．このお寿司屋さん、値段｛にしては・のわりに｝おいしいね。
2．祖父は、92歳｛にしては・のわりに｝元気だ。
3．いつもきちんとしている田中さん｛にしては・のわりに｝このレポート、間違いが多い。
4．今日は、沖縄｛にしては・のわりに｝寒い日だ。
5．あの子は、年｛にしては・のわりに｝思慮深い。

3. 総合練習

1. 適切なほうを選んでください。
   (1) 練習し｛たら・ても｝少しも上手にならない。
   (2) 友達と会う約束をメモに書いてお｛いたのに・ても｝忘れてしまった。
   (3) 睡眠薬に頼ら｛ないのに・なくても｝眠れるはずだ。
   (4) 彼なら絶対受かると思ってい｛たのに・ても｝落ちてしまった。
   (5) 勉強が大変｛なのに・でも｝卒業までがんばります。
   (6) 初めてロックコンサートに行っ｛ても・たが｝音の大きさに疲れてしまった。
   (7) ホテルの予約数は増えている｛のに・が｝昨年よりは少ない。
   (8) 何をやって｛みても・みるにしても｝足の痛みが取れない。
   (9) 何を｛しても・するにしても｝お金がなければ始まらない。

2. 適切なものを選び、文を完成してください。同じ語は一回しか使わないでください。

   ┌───┐
   │ ①としても　②からといって　③といっても　④ところで │
   └───┘

   (1) 山の天気は変わりやすいから、今天気がいい（　　　　　　）油断してはいけない。
   (2) 人生がやり直せる（　　　　　　）、同じようなことをする気がする。
   (3) A：フランス語ができるんだって？
       B：いえ、できる（　　　　　　）挨拶程度です。
   (4) A：いくら彼に注意してもだめなんだ。
       B：本人にその気がないんだから、注意した（　　　　　　）無駄だよ。

3. 適切なものを選び、文を完成してください。同じ語は一回しか使わないでください。

   ┌───┐
   │ ①くせに　②ものの　③にしては　④はともかく　⑤ならともかく　⑥わりに │
   └───┘

   (1) 5歳ですか。5歳（　　　　　　）大きいですね。
   (2) 専門家の判断（　　　　　　）素人考えでそんな強い薬を飲むのはやめたほうがいい。
   (3) サラリーマン生活に嫌気がさして農業を始めた。お金のこと（　　　　　　）自分がやりたいことをやれるのが幸せだ。

(4) 時間を掛けた（　　　　　　　　　）出来が良くない。
(5) 登山靴を買った（　　　　　　　　　）山に行く時間がない。
(6) 新入社員の（　　　　　　　　　）遠慮しない。

4．文を完成してください。
(1) 水がないので、薬を＿＿＿＿＿＿＿＿＿うにも＿＿＿＿＿＿＿＿＿ない。
(2) 頭でわかっているからといって＿＿＿＿＿＿＿＿＿＿＿＿＿＿＿＿＿。
(3) 何回も言ったのに、＿＿＿＿＿＿＿＿＿＿＿＿＿＿＿＿＿＿＿＿＿。
(4) 彼に忠告したとしても＿＿＿＿＿＿＿＿＿＿＿＿＿＿＿＿＿＿＿＿。

ちょっと一息 ⑤

複文の言いさし形

話し言葉では、Yを言わずに文を終わる用法があります。
・「ば／たら」
　1．そのことを事前に知っていたらなあ。
　2．A：バイトの時給、上げてもらえないかなあ。
　　　B：店長に言ってみれば。
・「のに」
　1．〈電話で〉
　　　夫：今晩遅くなる。
　　　妻：せっかくおいしい物作ったのに。
　2．昨日は楽しかったよ。あなたも来ればよかったのに。
・「が／けど」
　1．社員：社長、先程からお客様がお待ちですが。
　　　社長：すぐ行く。
　2．A：ちょっと手を洗いたいんですけど。
　　　B：あ、洗面所はこちらです、どうぞ。
・「ては／では」「ちゃ／じゃ」
　1．来週がしめきりだから、早く取りかからなくては。
　2．明日は、早く起きなくちゃ。

III 時の表現

ウォームアップ

A.「て」「とき」「場合」の中から適切なものを一回だけ選んで、一つの文にしてください。
1. a. 沖縄に行った。首里城を見た。
   → ＿＿＿＿＿＿＿＿＿＿、首里城を見た。
   b. 沖縄に行く。飛行機代は、韓国のソウルに行くより高くなる。
   → ＿＿＿＿＿＿＿＿＿＿、飛行機代は、韓国のソウルに行くより高くなる。
   c. 沖縄に行く。水着を持って行こう。
   → ＿＿＿＿＿＿＿＿＿＿、水着を持って行こう。
2. a. メールを書いていた。お昼を食べ損なった。
   → ＿＿＿＿＿＿＿＿＿＿、お昼を食べ損なった。
   b. メールを書いていた。携帯が鳴った。
   → ＿＿＿＿＿＿＿＿＿＿、携帯が鳴った。

B.「たら」「とき」のどちらかを使って、一つの文にしてください。
1. アメリカに行く。大きいスーツケースを買った。
   → ＿＿＿＿＿＿＿＿＿＿、大きいスーツケースを買った。
2. ボールを投げる。しっかり受け止めてくれた。
   → ＿＿＿＿＿＿＿＿＿＿、しっかり受け止めてくれた。
3. 一度食べる。忘れられない味だ。
   → ＿＿＿＿＿＿＿＿＿＿、忘れられない味だ。
4. 電車の時間を調べる。スマホを使う。
   → ＿＿＿＿＿＿＿＿＿＿、スマホを使う。
5. おじさんに会う。よろしく伝えてください。
   → ＿＿＿＿＿＿＿＿＿＿、よろしく伝えてください。

C．どこで地図を買いましたか。
　　1．中国へ行くとき、地図を買った。　　　　　　　　　買ったのは｛日本・中国｝
　　2．中国へ行ったとき、地図を買った。　　　　　　　　買ったのは｛日本・中国｝

D．適切なほうを選んでください。
　　1．簡単なことでも、あせってやる｛と・場合｝、うまくいかない。
　　2．紅葉の｛とき・場合｝に、また京都へ行きましょう。
　　3．参加費は学生の｛とき・場合｝、半額だ。
　　4．台風が上陸した｛ときに・場合｝、マラソン大会は中止になります。
　　5．A：コンビニに行って来る。
　　　　B：コンビニに行く｛なら・場合｝、弁当買って来て。
　　6．A：初めての所、一人で行ける？
　　　　B：ナビがあ｛れば・るとき｝、大丈夫だよ。
　　7．毎日勉強が終わる｛と・とき｝、すぐアルバイトに行く。
　　8．佐藤さんが事務所にいる｛うちに・うちは｝、コピー機が使える。
　　9．目が覚めた｛ときに・ときは｝、変な臭いに気付いた。
　10．元気な｛うちに・うちは｝、エベレストに登りたい。

1. とき（に）は

① 「るとき」と「たとき」……………………………………………………

問1-1 次の文は正しいですか。
1．北京に行ったとき、おいしい中国料理を食べたい。　　{ 正しい・間違っている }
2．北京に行ったとき、博物館を見学した。　　　　　　　{ 正しい・間違っている }

> 日本語では、将来のことを言うときにも「たとき」を使うことがある。

問1-2 aとbのどちらが前のことですか。
1．今度東京に行ったとき、スカイツリーに上ろう。
　　a．東京に行く　b．スカイツリーに上る
2．東京に行ったとき、スカイツリーに上った。
　　a．東京に行く　b．スカイツリーに上る

> 「XたときY」は、XがYより前のことを表す。

問1-3 次の文は正しいですか。
1．北京に行くとき、このスーツケースを使おう。　　　　{ 正しい・間違っている }
2．北京に行くとき、羽田発の飛行機を使った。　　　　　{ 正しい・間違っている }

> 日本語では、過去のことを言うときにも「るとき」を使うことがある。

問1-4 aとbのどちらが後のことですか。
1．東京に行くとき、バスを使った。
　　a．東京に行く　b．バスを使う
2．東京に行くとき、バスを使おう。
　　a．東京に行く　b．バスを使う

Ⅲ　時の表現

> 「XるときY」は、XがYより後のことを表す。

練習1-1　適切なほうを選んでください。
1．ご飯を食べ{る・た}とき、いただきますと言い、ご飯を食べ{る・た}とき、ごちそうさまと言う。
2．コンサートが終わ{る・った}とき、辺りは真っ暗だった。
3．学校に着{く・いた}とき、始業のベルが鳴った。
4．北海道を旅行{する・した}とき、レンタカーを借りよう。
5．会社を出ようと{する・した}とき、お客さんが訪ねて来た。
6．彼女と会{う・った}とき、新しく買ったTシャツを着て行った。

練習1-2　文を完成してください。
1．家を建てるとき、＿＿＿＿＿＿＿＿＿＿＿＿＿＿＿＿＿＿＿＿＿＿＿＿＿＿。
2．家を建てたとき、知り合いが＿＿＿＿＿＿＿＿＿＿＿＿＿＿＿＿＿＿＿＿。

②「とき（に）」「ときは」

問1　適切なほうを選んでください。
1．家を出ようとした{とき（に）・ときは}電話が鳴った。
2．気がついた{とき（に）・ときは}遅かった。
3．私は、病院に入院している{とき（に）・ときは}受けた親切が忘れられない。

> ❖「Xとき（に）Y」：時間軸上でいつYが起こるか、あるいは、起こったかを示す。Yは現実の出来事が多い。連体修飾節では「ときは」を使わない。（問1-3）
> ❖「XときはY」：時間軸上のXについて、どういうことがあるか、あるいは、どうだったかということ（状態）をYで示す。

練習1-1　適切なほうを選んでください。
1．乗客：いつお金を払いますか。
　　運転手：降りる{ときに・ときは}料金箱にお金を入れてください。
2．A：田中先生はお元気なんでしょうか。
　　B：ええ、私が先週お会いした{ときに・ときは}とてもお元気そうでした。

3．散歩している｛ときに・ときは｝日本人に道を聞かれた。
4．これは、山で雨が降った｛ときに・ときは｝着るコートです。
5．昨日渋谷に行った｛ときに・ときは｝この本を買った。
6．楽しみにしていたコンサートをキャンセルする｛ときに・ときは｝悲しかった。
7．コンビニでバイトしている｛ときに・ときは｝彼女に出会った。
8．山道を下る｛ときに・ときは｝どすんと降りるのではなく、一歩一歩確実に降りることが大切です。

練習1-2　文を完成してください。
1．ニューヨークで働いていたときに、＿＿＿＿＿＿＿＿＿＿＿＿＿＿＿＿＿＿＿＿＿＿。
2．ニューヨークで働いていたときは、＿＿＿＿＿＿＿＿＿＿＿＿＿＿＿＿＿＿＿＿＿＿。
3．子供が小さいときに、＿＿＿＿＿＿＿＿＿＿＿＿＿＿＿＿＿＿＿＿＿＿＿＿＿＿＿＿。
4．子供が小さいときは、＿＿＿＿＿＿＿＿＿＿＿＿＿＿＿＿＿＿＿＿＿＿＿＿＿＿＿＿。

③「うちに」と「うちは」

問1　適切なほうを選んでください。
1．話している｛うちに・うちは｝、だんだん腹が立ってきた。
2．朝早い｛うちに・うちは｝、気温が低い。
3．朝の｛うちに・うちは｝洗濯を済ませてしまおう。

❖「XうちにY」：Xの間のある時点を示す。
❖「XうちはY」：「Xの間はずっと」の意味。

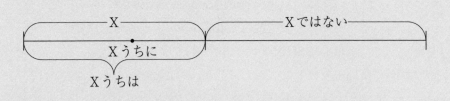

「とき」には、間の意味はない。

練習1　適切なほうを選んでください。
1．妹が泣いている｛うちに・うちは｝、お菓子を横取りした。
2．子供を見てくれる人がいる｛うちに・うちは｝働き続けよう。
3．生きている｛うちに・うちは｝この家に住み続けたい。

4．台風が来ない{うちに・うちは}帰りましょう。
5．終わりまで聞かない{うちに・うちは}言いたいことがわかってしまった。
6．波が高い{うちに・うちは}、サーフィンができない。

④「る／たとき」と「と」

問1 適切なほうを選んでください。
1．地震が{起こったとき・起こると}、台所で晩ご飯のしたくをしていた。
2．ご飯を{食べたとき・食べると}、眠くなる。

> ❖「Xる／たときY」：Yのできごとについて、それがいつのことか、時間的に説明する。Yに命令、依頼、希望、意志が来ることができる。
> ❖「XとY」：Xに続いて自然にYが起こる。

練習1 適切なほうを選んでください。
1．帰る{とき・と}、声を掛けてください。
2．風が強い{とき・と}、傘を差していられなくなる。
3．自転車で転{んだとき・ぶと}、知らない人に助けてもらった。
4．仕事のことを考え始める{とき・と}、眠れなくなる。
5．冒険旅行の計画を立てる{とき・と}、資金のこともちゃんと考えたほうがいい。

⑤「たとき」と「たら」

問1 適切なほうを選んでください。
1．学校に着い{たとき・たら}、電車に傘を忘れたことに気づいた。
2．向こうに着い{たとき・たら}、連絡をください。

> ❖「XときY」：Xは仮定のことではなく、明らかな一時点のこと。Yがいつのことか説明する。
> ❖「XたらY」：Xのあと、Yが起こるという、XとYの関係に関心がある。Yが現在形なら、仮定の話。Yが過去形なら、Xの後、Yという変化や発見があったことを表す。

練習1 適切なほうを選んでください。

1．本を読み終わっ{たとき・たら}、その棚に戻してください。
2．家で骨折し{たとき・たら}、誰も家にいなかった。
3．ネットで調べ{たとき・たら}、もっとわからなくなった。
4．先月東京へ行っ{たとき・たら}、初めてディズニーシーへ行った。
5．30歳になっ{たとき・たら}、自転車による日本一周旅行を思い立った。
6．午前中は頭が痛かったが、薬を飲ん{だとき・だら}良くなった。
7．実業家として成功し{たとき・たら}、ファーストクラスで旅行したい。

2. 場合（に）は

①「場合」と「とき」

問1 適切なほうを選んでください。
1．ご飯を食べている｛とき・場合｝、電話がかかってきた。
2．あなたは会社員ですか。会社員の｛とき・場合｝は、この申込書を使ってください。
3．夫は、会社員の｛とき・場合｝は帰りが遅かった。
4．〈遊園地の掲示〉身長が100センチ以下の｛とき・場合｝は、この乗り物に乗れません。

> ❖「X場合Y」：Xには、Yが実現する条件を挙げる。
> ❖「XときY」：Xは、Yがいつ起こる、起こったかを説明する。
> 「場合」は、「とき」より硬い言い方で、規則によく使う。

練習1 適切なほうを選んでください。両方使える場合もあります。
1．クッションの大きさがわからず、クッションカバーを買う｛とき・場合｝、迷った。
2．個人情報が書かれている｛とき・場合｝は、その部分を削除します。
3．昨日家に帰る｛とき・場合｝、友達から傘を借りた。
4．病気で欠席した｛とき・場合｝、参加費は返してもらえるんでしょうか。
5．朝起きた｛とき・場合｝に、まず冷たい水を一杯飲む。
6．保証期間中に故障が発生した｛とき・場合｝は、修理センターに修理をご依頼ください。

問2 適切なほうを選んでください。
1．子供の｛とき・場合｝、祖父母と一緒に住んでいた。
2．子供の｛とき・場合｝、薬の効き目が大人よりずっと早い。

> 現実の時の流れについて述べるときは、「場合」は使えない。

練習2　「とき」しか使えないのはどれですか。
1．ジョギングをしている｛とき・場合｝、突然ボールが飛んできてびっくりした。
2．希望者が多かった｛とき・場合は｝、抽選になります。
3．若い｛とき・場合｝、マラソンに出たことがある。
4．マイクが正しく設定されていない｛とき・場合｝、画面に警告表示が出ます。

②「場合（に）は」「場合に」

問1　適切なほうを選んでください。
1．〈説明書〉天災による故障の場合｛に・(に)は｝、保証の対象外となります。
2．約束が守られなかった場合｛に・(に)は｝催促するのが督促状というものです。

> 連体修飾節の中では、「(に)は」ではなく、「に」を使う。（問1-2）
> 「X場合（に）はY」のYには、決まりごと、規則が来ることが多い。

練習1　適切なほうを選んでください。
1．高血圧が塩分制限でよくならない場合｛に・には｝用いる薬は、医師の処方で入手する。
2．バスにご乗車中ご気分が悪くなられた場合｛に・は｝、遠慮なく運転手にお知らせください。
3．この制度を実施する場合｛に・には｝必要な条件は何ですか。
4．住民投票というのは、重要な問題が発生した場合｛に・は｝、直接住民の意思を確認するためのものです。

③「場合」と「たら」

問1　適切なほうを選んでください。
1．この本を｛読む場合・読んだら｝、保険の仕組みがよくわかった。
2．日本に留学｛する場合・したら｝、ビザが必要だ。

> 「X場合Y」では、YがXより前のことがある。（問1-2）
> 「XたらY」のYは、Xの後の変化や発見を述べる。

練習1　適切なほうを選んでください。両方使える場合もあります。
1．他の大学の図書館で本を { 借りたら・借りる場合 }、事前の届け出が必要です。
2．電車の中に忘れ物を { したら・した場合は }、事務室に行ってください。
3．支払いにクレジットカードをご使用に { なったら・なる場合は }、あらかじめお知らせください。

④「場合」と「なら」

問1　適切なほうを選んでください。両方使える場合もあります。
1．長期間外国に滞在する { 場合・なら }、ビザが必要です。
2．A：私はその計画に反対です。
　　B：Aさんが反対する { 場合・なら }、この計画はやめます。

❖「X場合Y」：一般的な条件を示す。改まった場面での話し言葉に用いられる。
❖「XならY」：相手の発話を条件として受ける。一般に話し言葉で用いられる。

練習1　適切なほうを選んでください。
1．A：頭が痛くて。
　　B：そんなに痛い { 場合・なら }、帰ったほうがいいですよ。
2．客：今日の予約、キャンセルさせてほしいんですけど。
　　フロント：かしこまりました。ただ、当日のキャンセル { の場合・なら }、宿泊料はお返しできないことになっております。
3．A：ごみって多いね。
　　B：ごみを出さない生活をしたい { 場合・なら }、便利さを求めすぎないことだよ。
4．〈説明書〉エラーが頻繁に発生した { 場合・なら }、以下のサポートセンターにご連絡ください。

3. 時を表す表現（発展）

① 「をきっかけに（して）」

問1 適切なほうを選んでください。
1. 学校の遠足で山に登ったのをきっかけに { 山登りが好きになった・足を骨折した }。
2. 水害によって大きな被害を受けたのをきっかけに { 水に対する関心が高まった・見舞金をもらった }。

> ❖ 「XをきっかけにYY」：Xを転換点としてYになる。
> Yには「なる」「変わる」等の変化を表す表現が来る。「XをYとしてY」とも言う。
> また、「YはXがきっかけだ」という表現もある。
> 例：山登りが好きになったのは、学校の遠足で山に登ったのがきっかけだ。

練習1 文を完成してください。
1. 留学をきっかけに、自分の国の文化に興味を＿＿＿＿＿＿＿＿＿＿＿＿。
2. 消費税の税率引き上げをきっかけに、タクシー料金が＿＿＿＿＿＿＿＿＿＿＿＿。
3. 一社員の発言をきっかけに、社員食堂の営業時間が＿＿＿＿＿＿＿＿＿＿＿＿。
4. 病気になったのをきっかけに＿＿＿＿＿＿＿＿＿＿＿＿。
5. A：どうして日本語を勉強するようになったんですか。
   B：＿＿＿＿＿＿＿＿＿＿＿＿がきっかけです。

② 「なり」

問1 適切なほうを選んでください。
1. 田中さんは、手紙を読むなり { 怒りだした・怒っていた }。
2. 友達は、ベルが鳴るなり { 教室を飛び出した・本をカバンにしまった }。

> ❖ 「XなりY」：Xの直後に予期しない出来事Yが起こる。
> 「したとたん」「するやいなや」「するが早いか」と言い換えられる。

Ⅲ　時の表現

練習1　文を完成してください。
1．その果物を口に入れるなり_____。
2．田中さんは、その女性に初めて会うなり_____。
3．子供は電車に乗るなり_____。
4．車が止まるなり中から_____。

③「次第」

問1　適切なほうを選んでください。
1．皆さんがそろい次第｛始めます・始まります｝。
2．部品が着き次第、｛担当者に連絡します・機械が完成します｝。

❖「X次第Y」：XたらすぐY。Xは話し手の意志ではどうにもならないこと。
　　　　　　Yは話し手の意志を表す。
　　　　　　Xは動詞のます形（「着きます」の「着き」）か名詞。硬い話し言葉。

練習1　適当な述語を入れてください。
1．雨が（　　　　　　　　）次第、出発します。
2．安い飛行機の切符が（　　　　　　　　）次第、ホテルを予約するつもりだ。
3．担当者が（　　　　　　　　）次第、お電話いたします。
4．認可が（　　　　　　　　）次第、生産に取りかかります。

④「末に」

問1　適切なほうを選んでください。
1．｛考えた・お金をもらった｝末にその仕事を断った。
2．｛作業・議論｝の末に実施が決まった。

❖「Xた末にYた」：話し手にとって長いプロセスXの終わりにY。
　　　　　　　Xが名詞のときは「Xの末に」。
　　　　　　　「Xたあげく」と言い換えられるが、「あげく」のXはマイナスのことが多い。

練習1　文を完成してください。
1．悩んだ末に＿＿＿＿＿＿＿＿＿＿＿＿＿＿＿＿＿＿＿＿＿＿＿＿＿＿＿＿＿。
2．何回も話し合った末に＿＿＿＿＿＿＿＿＿＿＿＿＿＿＿＿＿＿＿＿＿＿＿。
3．いろいろな人に話を聞いた末に＿＿＿＿＿＿＿＿＿＿＿＿＿＿＿＿＿＿＿。
4．オートバイは暴走の末に＿＿＿＿＿＿＿＿＿＿＿＿＿＿＿＿＿＿＿＿＿＿。
5．彼はお金に困ったあげく＿＿＿＿＿＿＿＿＿＿＿＿＿＿＿＿＿＿＿＿＿＿。

ちょっと一息 6

時の表現と動詞の形

時を表す言葉には、形の上で辞書形しか取れないものと「た形」しか取れないものとがあります。

1．常に「辞書形」

前（に）／直前（に）	家を出る前に、窓のブラインドを下ろした。
以前（に）	日本へ来る以前に、国で2年間独学で日本語を勉強した。
まで／までに	妹は、小学校に入るまで、体が弱かった。
最中（に）	ゲームをしている最中、友達から電話がかかってきた。
あいだ／あいだに	私が病気で寝ているあいだ、毎日田中さんが食事を差し入れてくれた。
たびに／ごとに	写真を見るたびに、楽しかった旅行を思い出す。
や否や	彼は、ベルが鳴るや否や、教室を飛び出して行った。

2．常に「た形」

後（で）／直後（に）	いつも店を閉めた後、掃除をする。
次の日／翌日	山に行った翌日、足が痛くて困った。
とたん	電車から降りたとたん、雨で足が滑った。
あげく	あれこれ迷ったあげく、結局買わないことにした。
上（に）	ごちそうしてもらった上に、家まで送ってもらった。

4. 総合練習

1. 適切なものを選んでください。
(1) 夫：塩を入れ過ぎちゃった。
　　妻：酢を入れ｛ると・るとき｝、塩味が薄まるわよ。
(2) 温暖化が進ん｛だら・だとき｝、海面が上昇する。
(3) 20年前初めて中国を訪れた｛とき・場合｝、その人の多さと街のにぎわいに驚いた。
(4) 通りを北へ進ん｛だら・だとき｝、大きな公園があった。
(5) 北海道へ行っ｛たら・たとき｝、旅行中に知り合った友達の家に泊まった。
(6) 大学生になっ｛たら・たとき｝、酒を飲む機会が増えた。
(7) 人間関係がうまくいかなかっ｛たとき・たら｝、彼のアドバイスがありがたかった。
(8) A：その洋書どこで見つけたの？　僕も探しているんだけど。
　　B：つばき書店。銀座へ行っ｛たら・たとき｝、もしかしてと思って探して見つけたんだ。
(9) A：その洋書どこで見つけたの？
　　B：昨日つばき書店へ行っ｛たら・たとき｝、あったんだよ。
(10) フランスへ行｛くとき・ったとき・ったら｝、フランス大使館を訪ねた。
(11) 日本へ来｛るとき・たとき・たら｝、日本人の知り合いがたくさんできた。

2. 適切なほうを選んでください。
(1) 急いでいる｛ときに・ときは｝、渋滞に巻き込まれて遅刻してしまった。
(2) この小さいソバ屋に、多い｛ときに・ときは｝、一日100組も客が来るという。
(3) 話している｛うちに・うちは｝、解決策が見つかった。
(4) 昼ご飯を食べ始めた｛ときに・ときは｝、携帯が鳴った。
(5) 停電した｛ときに・ときは｝一番困ったのは、冷蔵庫の冷凍食品のことだった。
(6) 人に会って感じがいいと思う｛ときに・ときは｝、相手も同じように思っていることが多いものだ。
(7) 簡単だと思っている｛うちに・うちは｝、その問題の難しさがよくわかっていないのだ。
(8) 麺は、温かい｛うちに・うちは｝食べたほうがいい。
(9) カードを再発行する｛場合に・場合は｝かかる費用は、誰の負担ですか。
(10) カードを紛失した｛場合に・場合は｝、速やかにカード会社に連絡すること。

3．適切なものを選んでください。複数使える場合もあります。不自然なものについて、どうして不自然なのか理由も考えてください。
(1) 明日雨が｛降るとき・降ったら・降ると｝行かないつもりだ。
(2) 雨が｛降るとき・降ったら・降ると｝自転車が使えない。
(3) 歯が｛痛いとき・痛かったら・痛いと｝友達が遊びに来た。
(4) 歯が｛痛いとき・痛いと｝勉強に集中できない。
(5) 今度｛会うときに・会ったら・会うと｝相談しよう。

4．下から適切な語を選んで（　　）に入れてください。同じ語は一回しか使わないでください。

| ①なり　②きっかけに　③次第　④末に |

(1) 皆さんが集まり（　　　　　）出発致します。
(2) 彼の発言を（　　　　　）みんながどんどん意見を出した。
(3) 考えた（　　　　　）大学院に進学することにした。
(4) 彼は席につく（　　　　　）パンを食べ出した。

5．文を完成してください。
(1) 彼は私に会うなり＿＿＿＿＿＿＿＿＿＿＿＿＿＿＿＿＿＿＿＿た。
(2) 大学に入ったのをきっかけに＿＿＿＿＿＿＿＿＿＿＿＿＿＿＿＿。
(3) いろいろ迷った末に＿＿＿＿＿＿＿＿＿＿＿＿＿＿＿＿＿＿＿た。
(4) バイト代が入り次第＿＿＿＿＿＿＿＿＿＿＿＿＿＿＿＿＿＿＿。

原因・理由

ウォームアップ

A. 次の例は、下線部（A）が「原因」を表し、下線部（B）がその「結果」を表しています。1・2の文を、例のように、日常で使う文に直してください。

例：家族の温かい助言（A）が彼のやる気をおこした（B）。
　→家族が温かい助言をしたので、彼はやる気になった。
　→彼は、家族から温かい助言をもらったおかげで、やる気になった。

1. 技術の進歩（A）が現代人を堕落させた（B）。
　→
　→
　→

2. 両親の援助（A）が彼の留学を実現させた（B）。
　→
　→
　→

❖ **原因・理由を表す形（他動詞文と複文）**

例のように、主語が「原因・理由」を、述部が「結果」を表すこともできる。

例：両親の援助（A）が彼の留学を実現させた（B）
　　　原因・理由　　　　　　　結果

しかし、こうした単文では、微妙なニュアンスを表すことができない。
「ために」「おかげで」「ばかりに」などを使って複文にすることによって、異なる意味や話し手の気持ちを表すことができる。

形：　原因・理由　⇒　結果・行動
　　　X　　①・②　　Y

原因・理由とその結果を表す複文には、基本的な形①と、話し手の気持ちや判断を含んだ②がある。

①よく使われる基本的な形：から、ので、ために、て
②話し手の判断が含まれた形：んですから、おかげで、せいで、からには、からこそ、ばかりに、だけに、だけあって
　　　　　　　　　　　　　　　　　　……など。

B．最も適切なものを一つ選んでください。
1．こんなことを言うと、みんなに｛a．笑われるだろうから　b．笑われるだろうため　c．笑われるだろうので｝、秘密にしておこう。
2．あの映画、｛a．面白そうだから　b．面白そうなため　c．面白そうで｝、来週、見に行かない？
3．｛a．お世話になったから　b．お世話になったので　c．お世話になり｝、本当にありがとうございます。
4．〈お知らせ〉故障が｛a．生じたから　b．生じたため　c．生じて｝、サービスを中止させていただきます。

C．下線部の使い方が適切なほうを選んでください。
1．a．約束したからには、やらなくてはいけない。
　　b．約束したからには、やりました。
2．a．熱があるので、休ませてください。
　　b．バスが遅れたんですから、テストに遅刻してしまい、すみません。
3．a．評判のいい店だけあって、味も店の雰囲気もいい。
　　b．評判のいい店だけあって、今度行きましょう。

1. 基本的な形

①「から」と「ので」

問1 適切なほうを選んでください。

1. 今日の試合にはみんな来るだろう｛ので・から｝、私も是非応援に行きたい。
2. 沖縄旅行に参加したのは、前から行きたいと思っていた｛ので・から｝だ。
3. こんなに時間がかかるのは、道を間違えた｛ので・から｝に違いない。
4. 〈アルバイト先で〉
   国へ帰る｛ので・から｝、3週間休みたいのですが、よろしいでしょうか。

❖「から」と「ので」の違い

「から」と「ので」は、ほとんどの場合置き換えられるが、次の場合は異なる。

問1	から	ので
1	○だろうから	×だろうので
2	○〜のは、〜からだ。	×〜のは、〜のでだ。
3	○〜からかもしれない／〜からに違いない／〜からだろう	×〜のでかもしれない／〜のでに違いない／〜のでだろう
4	×個人的な都合で、依頼したり、許可を求めたりするときは、断定的に感じられるため、「ので」を使う。	○説明文など客観的に述べたいとき ○話し言葉で丁寧に言いたいとき

「から」は「ので」より文法的には広く使えるが、使い方には注意が必要である。

練習1 適切なほうを選んでください。

1. みんな知っているだろう｛から・ので｝、あえて、言わない。
2. 日本に来たのは、アニメに興味があった｛から・ので｝です。
3. ダイエットに成功したのは、友達が協力してくれた｛から・ので｝かもしれない。
4. 〈窓口で〉カードを無くした｛から・ので｝、再発行していただきたいのですが。

●理由以外の「から」「ので」

問2 Xは、Yをするための理由ですか。
1. <u>ロビーに椅子があるから</u>、<u>そこで、待ってて</u>。
2. <u>ここに鍵があるから</u>、<u>僕の自転車使っていいよ</u>。
3. <u>テーブルの上にお菓子があるので</u>、<u>どうぞ召し上がってください</u>。

❖「XからY」「XのでY」の理由を表さない用法
1. X：Yを行いやすい状況（前提）を示す。
    Y：依頼、勧誘、希望など。
        例：<u>写真が机の上にありますから</u>、<u>どうぞ見てください</u>。
            行いやすい状況（前提）　　　　依頼

2. 「お願い<u>だから</u>」「一度でいい<u>から</u>」「一目でいい<u>から</u>」などは、強く望むときに使われる慣用表現である。

練習2-1 行いやすい状況を述べてから、依頼や勧誘をしてください。

> すぐ行く　来週返す　すぐ終わる　連絡する

1. (　　　　　　　　　)、この本貸してくれない？
2. (　　　　　　　　　)、ちょっと話を聞いてほしいんだけど。
3. (　　　　　　　　　)、入り口で待ってて。
4. (　　　　　　　　　)、次回もまたお越しください。

練習2-2 適切なものを一つ選び、強い希望を述べてください。

> 一目でいい　一度でいい　お願いだ

1. (　　　　　　　　　) バンジージャンプをやってみたい。
2. (　　　　　　　　　) あなたに会いたい。
3. (　　　　　　　　　) それだけは、絶対にやめてほしい。

②「て」「なくて」

問1 適切なほうを選んでください。両方使える場合もあります。

1．このなべは｛熱くて・熱いから｝注意したほうがいいよ。
2．このなべは｛熱くて・熱いから｝持てない。
3．山田さんが｛来なくて・来ないから｝先に行きましょうか。
4．山田さんが｛来なくて・来ないから｝定時に出発できなかった。

> ❖「XてY」「XなくてY」①
>   1．意味：Xの理由やきっかけで、Yになる。
>   2．Y ・「なる、驚く、できない」などの無意志動詞や可能動詞の否定形など。
>   ・「病気が悪化して、入院した」の「入院した」のように、やむを得ずしたことを表す動詞。
>   ・「〜ましょう」「〜たほうがいい」「〜てください」「〜べきだ」は来ない。
>   3．「て」は、「から」「ので」と違い、明確な因果関係というより、きっかけを表す。

練習1-1 適切なほうを選んでください。

1．かゆくて｛a．その薬を取ってくれる？　b．寝られない｝。
2．疲れて｛a．休もう　b．歩けない｝。
3．痛くて｛a．我慢できない　b．医者に診てもらったほうがいい｝。
4．この本は、カタカナの言葉が多くて｛a．別の本を選ぶべきだ　b．わかりにくい｝。

練習1-2　1～4の原因・きっかけをa～dから選び、適切な形にして文を完成してください。（a～dは一回しか使わないでください。）

1. ＿＿＿＿＿＿＿＿＿＿＿＿＿＿＿＿泣いてしまった。
2. ＿＿＿＿＿＿＿＿＿＿＿＿＿＿＿＿買い物が便利になった。
3. ＿＿＿＿＿＿＿＿＿＿＿＿＿＿＿＿おなかが痛くなった。
4. ＿＿＿＿＿＿＿＿＿＿＿＿＿＿＿＿けがをした。

a．階段から落ちた
b．笑いすぎた
c．近所にスーパーができた
d．親友の訃報を知った

問2　適切なほうを選んでください。
1．時間に｛ a．間に合わなくて　b．間に合わなかったため｝ごめんね。
2．お目に｛ a．かかれて　b．かかれたので｝うれしく思います。
3．ご指導を｛ a．いただき　b．いただいたから｝感謝しています。

❖「XてY」「XなくてY」②
1. Xは、Yのきっかけや内容を表す。
    ・「うれしい、驚いた、困った」など感情の変化のきっかけや内容（問2-2）
    ・「ありがとう、すみません」など感謝や謝罪のきっかけや内容（問2-1、2-3）
2. 改まった話し言葉では、連用中止形（し←します、おり←います）が使われる。（問2-3）
    例：お手数をお掛けし、恐縮です。
　　　ご退院おめでとうございます。元気になられ、何よりです。

練習2　1〜4のきっかけや内容をa〜dから選び、文を完成してください。（a〜dは一回しか使わないでください。）

1. _____安心した。
2. _____うれしくて泣いてしまった。
3. _____びっくりした。
4. _____心配だ。

a．10年ぶりに家族に会えた。
b．日本で生卵を食べるのを知った。
c．全員と連絡が取れた。
d．両親から連絡が来ない。

ちょっと一息 ⑦

「XてY」X・Yの順序

Q：「て」で二つの形容詞をつなぐとき、この順序は変えてもいいですか。
A：「て」は、形容詞のとき、順序は構わないと思われがちですが、必ずしもそうではありません。例えば、「北海道の冬は長くてきびしい」「丸くてかわいい目」「彼女は正直でいい人だ」などは、順序が大切です。形容詞には、形や様子を表すものと評価の意味が強いものがありますが、「きびしい・かわいい・いい」など、評価を表すものは、最後に来ます。

③「ため（に）」···

問1-1 適切なほうを選んでください。
1．〈メールの送信〉メッセージの量が一定量を超えたために、
 a．送信に失敗しました。
 b．二回に分けて送信しよう。
2．この本には、ふりがながないため、
 a．初心者には、不向きだ。
 b．他の本を探しましょう。

問1-2 文体にふさわしいのはどちらですか。
1．〈ラジオの交通情報〉事故が発生した｛から・ため｝、渋滞が5キロ続いています。
2．〈テレビの天気予報〉前線が停滞している｛から・ため｝、雨が降りやすいでしょう。

> ❖「Xため（に）Y」
> 1．Xの動詞の形は、「～た、～ない、～ている」など。
>   動詞の辞書形の場合は「理由」ではなく「目的」を表す。
> 2．Yは、好ましくない結果が多い。
>   例：留学したため、友だちの結婚式に出られなかった。
>   スマホを使いすぎたため、目が悪くなった。

練習1 〈会話〉を参考に、下線部に適切な言葉を入れて完成してください。
1．〈会話〉「X：今ネットワーク使えないね。」「Y：障害が発生したからなんだって。」
 〈ウエブ掲示板〉ネットワーク障害が＿＿＿＿＿＿＿＿＿＿、ただいまお使いになれません。
2．〈会話〉「X：もう締め切ったの？」「Y：定員に達したんだって。」
 〈募集案内〉定員に＿＿＿＿＿＿＿＿＿＿、締め切らせていただきます。
3．〈会話〉「X：また雨？」「Y：低気圧が停滞しているみたい。」
 〈天気予報〉低気圧が停滞＿＿＿＿＿＿＿＿＿＿、雨が降りやすくなっています。
4．〈会話〉「X：人を刺すなんてひどいね。どうして？」「Y：顔を見られたんだって。」
 〈報道〉犯人は、顔を＿＿＿＿＿＿＿＿＿＿、刺したと自供している。

5.〈会話〉「X：飛行機が遅れて乗継便に間に合わなかった人は、カウンターまで来るようにってアナウンスがあったよ。」「Y：じゃ、行こう。」
〈空港アナウンス〉　○○社の便が_____に、乗継便にご搭乗になれなかったお客様は、当社のカウンターまでお越しください。

2. 話し手の判断を含む形式

①「んですから（のだから）」

問 1-1 「んだから」の使い方は、1と2のどちらが適切ですか。

1. X：遅刻して、試験が受けられないって厳しいな。
   Y：1時間も遅れたんだから、失格になっても仕方がないよ。
2. X：この本、誰か読みますか。
   Y：レポートで使うんだから、貸してくださいますか。

問 1-2 聞き手に伝えようとする気持ちが強いのは、aとbのどちらですか。

1. テスト前あんなに頑張った｛a．から　b．んだから｝、心配いらないよ。
2. 昨夜まで熱があった｛a．から　b．んだから｝、無理しちゃいけませんよ。

> ❖「Xんですから（のだから）Y」
> Xは、聞き手が知っていることだが、聞き手にわかってほしいという気持ちで、主張、命令、激励などをするときに使う。

練習1 〈　　〉の情報を参考に、聞き手に命令や激励をしてください。

1. 〈もう三日も高熱が続いているのに病院へ行かない友達に〉
   ＿＿＿＿＿＿＿＿＿＿＿＿＿＿＿＿＿病院で検査を受けるべきだよ。
2. 〈十分練習したのに試合の前日心配している友人を激励する〉
   ＿＿＿＿＿＿＿＿＿＿＿＿＿＿＿＿＿大丈夫だよ。
3. 〈奨学金をもらっている学生に〉
   ＿＿＿＿＿＿＿＿＿＿＿＿＿＿＿＿＿しっかりと勉学に取り組んでほしい。
4. 〈長旅で疲れている友達に〉
   ＿＿＿＿＿＿＿＿＿＿＿＿＿＿＿＿＿ゆっくり休んだら？
5. 〈夢を追いかけている友達に〉
   ＿＿＿＿＿＿＿＿＿＿＿＿＿＿＿＿＿やりたいことは是非やったらいい。

問2 適切なほうを選んでください。

1. 〈返品〉うちで着てみたら、サイズが { 小さかったので・小さかったんですから }、交換していただけますか。
2. 〈遅刻〉 電車が { 遅れたので・遅れたんですから }、遅刻しました。
3. 〈早退の許可を求める〉{ 熱があるので・熱があるんですから }、午後は休んでもいいですか。

> 「んですから」は、相手にわかってほしいという気持ちで使うので、依頼したり、許可を求めたり、断ったりするときに、この表現で理由を述べると、押し付けがましく聞こえる。この場合、理由は「て」「ので」で述べるのが好ましい。

練習2 適切な表現に直してください。

1. 忙しいんですから、申し訳ありませんが、伺えないんです。
2. この本、読みたいんですから、貸してもらえませんか。
3. 寝坊したんですから、遅刻しました。すみません。

② 「おかげで」と「せいで」

問1 適切なほうを選んでください。両方使える場合もあります。

1. 近くに大型店ができた { おかげで・せいで } 買い物が便利になった。
2. 近くに大型店ができた { おかげで・せいで } 小売店は売り上げが落ちた。

> ❖「XおかげでY」「XせいでY」
> 1. それぞれ、Xによって、「好ましい結果」「好ましくない結果」が生じたことを表す。主として、話し手の個人的な話題として、述べるときに使う。
> 2. 「おかげで」は好ましくない結果に使われることもある。Xによって一般的には好ましい結果となるが、この場合は皮肉にも違うという意味になる。
>   例：彼が助言してくれたおかげで、かえって、仕事が複雑になった。

練習1 {おかげで・せいで}が両方使えるのは、aとbのどちらですか。

1. a. GWが10連休になった{おかげで・せいで}、ゆっくり休めました。
   b. GWが10連休になった{おかげで・せいで}、デパートで働く私は連続勤務になってしまった。
2. a. 景気が回復し受注が増えた{おかげで・せいで}、休みが取れなくなってしまった。
   b. 景気が回復し受注が増えた{おかげで・せいで}、業績が倍に伸びた。

③「からには」と「以上（は）」

問1 適切なほうを選んでください。

1. 奨学金をもらったからには、{a. 勉強に集中しなければなりませんよ　b. 勉学に集中しました}。
2. 引き受けた以上、{a. 最後までお願いしますよ　b. いつ終わりますか}。
3. 一旦人に頼んだ以上、後は{a. 任せるしかない　b. 任せました}。

> ❖「XからにはY」「X以上（は）Y」
> 用法1　意味：Xという前提がある限り、当然、Y。
> 　　　　Y：強い断定、義務、決意（必ずします）、確信（に違いない）、勧告など
> 用法2　意味：Xの下では、Yをするという選択肢しかない。
> 　　　　Y：諦めの気持ちを伴う。（ざるを得ない、しかない）

練習1-1 次の前提で、決意や確信、勧告の表現で文を完成してください。

1. 宴会係になった_____。
2. 中国に行く_____。
3. 日本に来た_____。
4. 「富士見町」という_____。
5. 〈ペットを飼う心得〉　かわいいから、そばに置いときたいからという理由で、生き物を飼ってはいけません。生き物をうちで飼う_____
   _____。

練習1-2 諦めの気持ちを表してください。

1. 一旦仕事を始めたからには、_____。
2. やると言ってしまった以上は、_____。
3. 会議で決定された以上、_____。

IV 原因・理由

④「からこそ」

問1 「からこそ」の使い方が適切なのはどちらですか。
1. X：どうして彼と別れるの？ 彼のこと、好きなんでしょ？
   Y：ええ、好きだからこそ、別れるのです。
2. X：どうして彼と別れるの？ 彼のこと、好きなんでしょ？
   Y：いえ、気持ちが離れてしまったからこそ、別れるのです。

> ❖「XからこそY」
> 1. Xは、普通は思いもつかないような理由だったり、常識と違うことを理由に主張するときなどに使う。また、Xは、Yの最大の理由であるという話し手の気持ちが込められている。
> 2. Yは「のだ」で終わることが多い。

練習1 「からこそ」を使って次の会話を完成してください。
1. X：そんな厳しい環境でよく合格できましたね。
   Y：＿＿＿＿＿＿＿＿＿＿＿＿＿＿＿＿＿からこそ、目標が持てたのです。
2. X：仕事、育児、そして、地域活動と忙しいのに、趣味にもよく時間が取れますね。
   Y：＿＿＿＿＿＿＿＿＿からこそ、うまく、時間をやりくりしているんです。
3. X：彼とは価値観の違いが障害だというなら、どうして、付き合ったんですか。
   Y：＿＿＿＿＿＿＿＿＿＿＿＿＿からこそ、お互い興味を抱いたんです。
4. X：男と女は違うと考えるのは、今の時代、変じゃないですか。
   Y：でも、＿＿＿＿＿＿＿＿＿こそ、ロマンスが生まれるんじゃないですか。
5. X：どうして、＿＿＿＿＿＿＿＿＿＿＿＿＿＿＿＿＿＿＿＿＿＿＿＿＿か。
   Y：禁止されているからこそ、やってみたくなるということもあるんですよね。

⑤「ばかりに」

問1-1 「ばかりに」に続く下線部は、好ましいことですか、好ましくないことですか。
お金がないばかりに、好きなことができないという人もいれば、お金があるばかりに、人にだまされたという人もいる。

61

問 1-2 後悔の気持ちが表れているのはどちらですか。

1．徹夜した｛から・ばかりに｝、肝心の試験のとき、眠くて頭が働かなかった。
2．「いつでもいいですよ」と言った｛ので・ばかりに｝、貸した本を半年も返してくれない。

問 1-3 適切なほうを選んでください。

1．早く病気を治したいばかりに、｛a．ゆっくり休んだ　b．倍の量の薬を飲んでしまった｝。
2．利益をあげたいばかりに、｛a．人件費を節約しなかった　b．手抜き工事までした｝。

> ❖「XばかりにY」
>   Xによって、Yのようなよくないことが起きて、残念に思っている。
> ❖「XたいばかりにY」
>   Xをしたい気持ちが強くて、Yのような、普通ならしないことまでしてしまった。
>
> 「ばかりに」と「せいで」は使い方が異なる。
>
> | × あなたのばかりに | 〇 〜たいばかりに |
> |---|---|
> | 〇 あなたのせいで | × 〜たいせいで |

練習 1-1 「ばかりに」を使って後悔の気持ちを表してください。

例：雨の日に滑って転んでしまったのは、革靴を履いていたせいだ。
　→雨の日に革靴を履いていたばかりに、滑って転んでしまった。

1．大木の下に駐車して、鳥にふんをされた。別の所にとめればよかった。
　→＿＿＿＿＿＿＿＿＿＿＿＿＿＿＿＿＿＿＿＿＿＿＿＿＿＿＿＿＿＿＿＿。

2．事件当日、うちにいたら、アリバイがないといって疑われてしまった。
　→＿＿＿＿＿＿＿＿＿＿＿＿＿＿＿＿＿＿＿＿＿＿＿＿＿＿＿＿＿＿＿＿。

3．飲み会に車で来てしまったため、お酒が飲めなかった。電車で来ればよかった。
　→＿＿＿＿＿＿＿＿＿＿＿＿＿＿＿＿＿＿＿＿＿＿＿＿＿＿＿＿＿＿＿＿。

4．〈日本の昔話：鶴の恩返し〉
　男は、女が布を織っているところを見てはいけないと言われたのに、見てしまった。その結果、男はその女と永遠に会えなくなってしまった。

　→＿＿＿＿＿＿＿＿＿＿＿＿＿＿＿＿＿＿＿＿＿＿＿＿＿＿
　＿＿＿＿＿＿＿＿＿＿＿＿＿＿＿＿＿＿＿＿＿＿＿＿＿＿＿。

練習 1-2　「～たいばかりに」を使って、文を完成してください。
1．10年前に生き別れになった兄に＿＿＿＿＿＿＿＿＿＿＿＿、全国を歩き回った。
2．みんなから、かっこいいと＿＿＿＿＿＿＿＿＿＿、人目を引くことばかりした。
3．コンサートに＿＿＿＿＿＿＿＿＿＿＿、仮病を使って学校を休んでしまった。
4．苦しみから＿＿＿＿＿＿＿＿＿＿＿＿＿＿＿＿＿、自殺を企てた。
5．＿＿＿＿＿＿＿＿＿＿＿＿＿＿＿＿＿＿＿＿＿＿＿、ランチも取らなかった。

⑥「あまり（に）」

問1　「あまり」の使い方が適切なのはどちらですか。
1．相手を思うあまり、自分を犠牲にしてしまう。
2．相手を思うあまり、手伝ってあげたい。

> ❖「Xあまり（に）Y」
> ・Xの程度が極端なために、Yのマイナスの結果が生じてしまった。
> ・「Nのあまり」という用法
> 　例：悲しみのあまり、興奮のあまり、恐怖のあまり、うれしさのあまり

練習 1-1　下線部に注意し、例のように文を作ってください。
例：とても心配に思う　＋　つい、電話してしまう
　　→心配に思うあまり、つい電話してしまう。
1．人に良く思われたいと強く思う　＋　本音が言えない
　　→人に良く思われたいと＿＿＿＿＿＿＿＿＿＿＿＿＿＿本音が言えない。
2．彼女は完璧を強く期待する　＋　小さいことにこだわりすぎることがある
　　→彼女は完璧を＿＿＿＿＿＿＿＿＿＿小さいことにこだわりすぎることがある。
3．続きをどうしても読みたい　＋　とうとう徹夜してしまった
　　→続きを＿＿＿＿＿＿＿＿＿＿＿＿＿＿とうとう徹夜してしまった。
4．利益を必死で追求する　＋　安全性を軽視してしまった
　　→利益を＿＿＿＿＿＿＿＿＿＿＿＿＿＿＿安全性を軽視してしまった。

練習1-2 適切なものを一つ選び、文を完成してください。同じ語は一回しか使わないでください。

恐怖　緊張　うれしさ

1. ＿＿＿＿＿＿＿＿＿のあまり、早口になって、間違えてしまった。
2. ＿＿＿＿＿＿＿＿＿のあまり、飛び上がってしまった。
3. ＿＿＿＿＿＿＿＿＿のあまり、足が震えて、一歩も歩けなかった。

⑦ 「だけに」と「だけあって」

問1-1 「だけに」の使い方が適切なのはどちらですか。
1. リンさんは料理学校に通っていただけに、料理の腕前は見事だ。
2. リンさんは料理学校に通っていただけに、パーティの料理は彼女に任せましょう。

問1-2 適切なほうを選んでください。
1. 雑誌に紹介される評判の店だけあって、｛味は間違いない・今度行ってみようよ｝。
2. 五つ星ホテルだけあって、｛サービスも行き届いている・是非私も泊まってみたい｝。

問1-3 適切なほうを選んでください。
1. 彼はプライドが高いだけに、｛不合格だったことは人に言えない・羨（うらや）ましい｝。
2. 諦めていただけに、｛この合格は本当にうれしい・この合格は本当だろうか｝。

> ❖ 「XだけにY」「XだけあってY」
> 　Yは、Xという事実や評価にふさわしい期待どおりの様子。（問1-1、問1-2）
> 　このほか、「Xだけに」には、次のような意味もある。
> ・Xという事実やその評価があるので、期待を裏切ることができない。（問1-3-1）
> ・Xだから、かえって、なおさらY。（問1-3-2）

練習1-1　次の事実にふさわしい内容を下から選んでください。
1．デラックスルームというだけに、
2．ロマンスカーというだけに、
3．彼は、日本の会社でもう10年働いているだけあって、
4．ここは外国人が多く、レストランの集まる町だけあって、
5．ガイドブックで紹介されているだけあって、

a．あらゆる国の食事ができる。
b．乗客はカップルが多い。
c．日本のビジネス習慣に詳しい。
d．訪れる人の数も相当なものだ。
e．どの部屋もゆったりとし、家具も立派だ。

練習1-2　話し手が「山田さん」にもつイメージは何ですか。
1．山田さんだけあって、総理大臣の血液型まで知っている。＿＿＿＿＿＿＿＿＿＿
2．山田さんが愛用していただけあって、このステレオは音がいい。＿＿＿＿＿＿＿＿
3．山田さんが描いただけあって、細かい部分まで丁寧に描かれている。＿＿＿＿＿

練習1-3　フィギアスケートのメダリストの演技を見て感想を述べあっています。「だけに」「だけあって」を使って文を完成してください。
X：彼の演技は、＿＿＿＿＿＿＿＿＿＿＿＿＿＿＿＿＿＿＿＿＿素晴らしいね。
Y：＿＿＿＿＿＿＿＿＿＿＿＿＿＿＿＿、こんなところで、ミスはできないだろうね。

⑧「がゆえに／の」

問1　書き言葉的な表現はどちらですか。
1．完璧であろうとするから、友達が離れていく。
2．完璧であろうとするがゆえに、友達が離れていく。

> ❖「XがゆえにＯＹ」
> 　X：動詞／い形容詞の普通形　　例：始める（た）／寒い　＋　がゆえに
> 　　　名詞／な形容詞（である）　例：学生／便利　＋　（である）がゆえに
> 　Y：名詞のとき「XがゆえのＹ」
> 　書き言葉調の硬いニュアンスを出したいときに使われる。

練習1 「がゆえに／の」を使って、文を完成してください。
1．家庭内暴力や虐待というものは、密室で起こる（　　　　　　　　　）、
   外部からはわかりにくく、発見が遅れてしまう。
2．車は便利（　　　　　　　　　）つい、使ってしまい、運動不足の原因ともなる。
3．彼女には、美しい（　　　　　　　　　）悩みもあるんだそうです。
4．人は、異なる（　　　　　　　　　）互いにひかれあい、興味を抱く。

⑨ 「し」・・

問1　1と2の違いは何ですか。
1．雨も止んだし、帰ろうか。
2．雨が止んだから、帰ろうか。

❖ 「XしY」
   1．Yの理由が、X以外にもあることを暗示している。
   2．断り、勧誘、激励など相手に申し出たり、働きかける際、断定を避けて
      理由を述べるときに使う。その際、Xでは、助詞「が」「を」などの代
      わりに、「も」を使うことが多い。

練習1 「～も～し」を使って理由を述べて、（　　　）の内容を達成してください。
1．（先に帰りたいと申し出る）
   _____。
2．（是非、この会に参加してほしいと誘う）
   _____。
3．（試合に負けて落胆している友達を励ます）
   _____。

⑩ 二つ以上の原因・理由・きっかけ

問1 下線部を原因としてはっきり表して一文にしてください。

1．急に冷え込んだ　⇒　風邪を引いた　⇒　旅行に行けなかった。

　_____。

2．人口が減った　⇒　税収が減少した　⇒　税率を上げた。

　_____。

> ❖ 二つ以上の原因・理由・きっかけ
> 1．一文の中で「から」「ので」「ため」など、同じ形式を2回以上使用しない。
>   ×急に冷え込んだため、風邪を引いたため、旅行に行けなかった。
>   ○急に冷え込んで、風邪を引いたため、旅行に行けなかった。
> 2．因果関係をはっきり示したいところに「ために」「ので」などを、それ以外は「て」、連用中止形（「し」「ず」）などを使う。

練習1 下線部を原因としてはっきり表し、文全体を適切な文にしてください。

1．観光客が増加し、経済が活性化し、都会に出た若者が戻り、町は活気を取り戻した。
　→ _____

2．スマートフォンが普及し、コミュニケーションの形態が変わり、人との付き合い方も変化した。
　→ _____

3．熱帯夜が続き、睡眠不足になり、朝起きられず、生活のリズムが崩れた。
　→ _____

4．景気が回復し、新卒の採用が増え、大手企業に学生が集まるようになり、中小企業は苦戦を強いられている。
　→ _____

3. 総合練習

1. 適切なほうを選んでください。
 (1) 医療は命にかかわるサービスである {がゆえに・あまり}、収入や地位などにかかわらず、平等にサービスの機会が与えられるべきだという考えが一般的である。
 (2) X：なぜ、うさぎは1羽(わ)、と数えるのですか。
   Y：これは、昔のお坊さんが魚肉・獣肉などの生臭物(なまぐさもの)を食べることを禁止されていた {から・ため}、うさぎの耳を羽に見立てて、鳥と偽って食べた {から・ので} だと言われています。
 (3) コミュニケーションが希薄になった昨今である {あまり・がゆえに}、気持ちを合わせてまとまる合唱というのは、重要だろうと考える。
 (4) スポーツによる熱中症事故は、適切に予防さえすれば防げるものです。しかしながら、予防に関する知識が十分に普及していない {から・ため}、熱中症による死亡事故が毎年発生しています。（中略）日本スポーツ協会では、（中略）熱中症事故をなくす {のに・ため}、今後とも呼びかけを続けていきたいと考えています。
   （日本スポーツ協会「スポーツ活動中の熱中症予防ガイドブック」）
 (5) 今日は疲れているだろう {から・ので}、ゆっくり休んでね。

2. 「からこそ」を使う背景にどんな気持ちがありますか。例のように答えてください。
例：IT時代だからこそ本を読もう。
　　→IT時代は、本を読まなくなっている。
 (1) 大都会だからこそ森林浴をしよう。
　　→
 (2) 暑い夏だからこそ、汗を流しながらカレーを食べよう。
　　→
 (3) 中小企業だからこそ、できることがある。
　　→

3. 適切なものを一つ選び、文を完成してください。同じ語は一回しか使わないでください。

> だけに　だけあって　んだから　以上　あまり

(1) 彼女は、結婚を焦る（　　　　　　　）、知り合ったばかりの人と結婚してしまった。

(2) 幼少期のアルバムを無くしてしまった。このアルバムは、亡くなった祖父母との想い出がいっぱい詰まっている（　　　　　　　）、無くしたときのショックは大きかった。

(3) 課長という役職にある（　　　　　　　）、そんな大事なことを知らなかったでは済まされない。

(4) 老舗旅館（　　　　　　　）、建物もサービスも申し分ない。

(5) X：熱がある（　　　　　　　）今日は参加しなくていいよ。
　　Y：ありがとう。じゃ、そうする。

形式名詞でつなぐ

ウォームアップ

A．適切なほうを選んでください。両方使える場合もあります。
 1．歯が痛い{の・こと}を我慢してはいけない。
 2．一緒に沖縄へ行った{の・こと}を覚えていますか。
 3．仕事を辞める{の・こと}について家族に相談した。
 4．僕は{彼女・彼女のこと}が大好きだ。
 5．{友達・友達のこと}で悩んでいる。
 6．上映中の映画の中で、見たい{もの・こと}がありますか。
 7．皆さんに聞きたい{もの・こと}があります。

B．続く文としてaとbのどちらが適切ですか。
 1．かおり：あすか、明日遅れないでね。
   あすか：え！　a．遅れるのは、いつも、かおりでしょ。
         b．いつも、かおりが遅れるでしょ。
 2．〈ニュース〉　先月から行方がわからなくなっていた女子中学生が、今朝、岡山で無事保護されました。
   a．保護されたのは、○○市の会社員、本田太郎さんの長女花子さんです。
   b．○○市の会社員、本田太郎さんの長女花子さんが保護されました。

C. 下線部の「ところ」と同じ用法は、aとbのどちらですか。
　1. 困っていたところをマリアさんが助けてくれた。
　　　a. ちょうど出かけるところを呼び止められた。
　　　b. 昨日、書いたところをもう一度読み直した。
　2. よく見たところ人違いだった。
　　　a. 彼女のいい点は素直なところだ。
　　　b. 友達に聞いたところ知らないと言われた。
　3. 映画がクライマックスを迎えたところで急におなかが痛くなった。
　　　a. 友達に相談したところで問題が解決できるわけではない。
　　　b. 30歳になったところで煙草をやめることにした。

1.「こと」の用法

①「こと」と「もの」

問1 適切なほうを選んでください。

1．ペン忘れたんだけど、書く｛こと・もの｝何か貸してくれない？
2．レポートどうしよう。書く｛こと・もの｝がなくって。
3．あ〜暑い。何か冷たい｛こと・もの｝ないかな。
4．彼女に冷たい｛こと・もの｝を言われた。

> 「もの」は、形のあるもの。
> 「こと」は、思考・発言・知識などの内容、動き、出来事に関することを指す。

練習1 適切なほうを選んでください。

1．大切な｛こと・もの｝を言わなかった。
2．大切な｛こと・もの｝を道で落としてしまった。
3．知らない｛こと・もの｝を恥ずかしいと思ってはいけない。
4．思っている｛こと・もの｝を人に伝えるのは難しい。
5．やりたい｛こと・もの｝をやって、人生を過ごしたい。
6．面倒な｛こと・もの｝をお願いして、すみません。

☕ちょっと一息 ⑧

「もの」を使った慣用句

「もの」が、言葉・知識・事柄に関することを指す慣用句がある。
「ものを考える、ものにこだわる、ものを知らない、ものを頼む、ものを言う」など。
例：ものを頼むときは、タイミングを考えたほうがいい。

②名詞＋「のこと」

問1-1 意味の違いは何ですか。

1．あの｛二人・二人のこと｝を知っていますか。
2．｛山本さん・山本さんのこと｝をみんなに紹介した。
3．｛おばあちゃん・おばあちゃんのこと｝を思い出した。

❖ 名詞＋「のこと」の有無と意味の違い（「知る」の場合）
　名詞＋を知っている：名前、存在について
　名詞＋「のこと」＋を知っている：名詞に関する事情、性格、内容について

問1-2 下線部の名詞に「のこと」が、①必要ですか。②不要ですか。あるいは、③どちらの用法もありますか。

1．弟は、昔から、おじいちゃんが大好きだ。
2．私は、納豆が好きではない。
3．昨日、何したっけ？　昨日が思い出せない。
4．気が付くと、いつも、彼を考えている。

❖ 名詞＋「のこと」を用いる動詞

名詞のみ	名詞＋「のこと」	（記憶・感情・発話・思考などを表す）動詞・形容詞
○	○	知る・心配する・憎む・頼む・思い出す・覚えている・紹介する・気になる・好き・嫌い・嫌だ…
×	○	話す・聞く・考える・思う・悩む・忘れる…

「のこと」で受ける名詞は内容のあるもの、例えば、時間や活動を表すもの。

練習1 両方使えるものは何番ですか。

1．（私は）｛あなた・あなたのこと｝は、一生忘れません。
2．｛彼女・彼女のこと｝が嫌いになった。
3．｛友達・友達のこと｝に会った。
4．｛彼・彼のこと｝が気になって、頭から離れない。
5．｛自分・自分のこと｝を話してください。
6．山田先生は、｛生徒・生徒のこと｝で悩んでいるらしい。
7．そんなに｛私・私のこと｝を憎まないでください。

2.「の」の用法

①名詞化

問1 適切なほうを選んでください。両方使える場合もあります。
1. 音楽を聴く{の・こと}が好きだ。
2. 部長が会社を辞めた{の・こと}について、いろいろな憶測が流れた。
3. 今日は、部屋を片付ける{の・こと}から始めよう。

> ❖「名詞化」とは
>
> 　　　音楽／音楽を聴く　 こと／の 　が好きだ
>
> 名詞（例：音楽）の代わりに、文（例：音楽を聴く）を用いるとき、「の」「こと」を付けて助詞などにつなぐ。これを「名詞化する」という。名詞化には「こと」のほか、助詞「が」「を」などの前では「の」を使うこともある。（『②「の」「こと」と動詞』参照）

練習1 適切なほうを選んでください。
1. 目撃者が見つかった{こと・の}によって、事件の全容が明らかになった。
2. 全員揃う{こと・の}を待ちましょう。
3. 深呼吸をする{こと・の}で、心を落ち着ける。

②「の」「こと」と動詞

問1-1 適切なほうを選んでください。両方使える場合もあります。
1. バスが来る{こと・の}を待っている。
2. 10年後にまた同じ場所で会う{こと・の}を約束した。
3. 印鑑を押す{こと・の}を忘れた。

問1-2 aとbにどのような違いがありますか。
1. a．みんなが話している<u>こと</u>がわかった。
　　b．みんなが話している<u>の</u>がわかった。
2. a．先生が説明している<u>こと</u>が聞こえた。
　　b．先生が説明している<u>の</u>が聞こえた。

❖ 「の」「こと」＋動詞

「の」「こと」どちらで名詞化するかは、それを受ける動詞による。

	動詞
「の」	見る・聞く・感じる・がまんする・手伝う・待つ・とめる…
「こと」	考える・命じる・約束する・提案する・伝える・報告する…
「の」と「こと」	覚える・思い出す・忘れる・確かめる・尋ねる・信じる・断る・決める・頼む・期待する・気がつく・わかる・好き・嫌い・本当・うれしい…

・「こと」を取る動詞は、思考・判断、伝達を表すものが多い。「こと」は、内容を表したり、概念としてまとめたりする傾向がある。(問1-2-1a、2a)

・「の」を取る動詞は、感覚を表すものが多い。「の」には、感覚で得たまま、遭遇したままの状況を表す傾向がある。(問1-2-1b、2b)

練習1　適切なほうを選んでください。両方使える場合もあります。

1．彼氏ができた｛こと・の｝を両親に報告した。
2．うっかりして、パスワードを変更する｛こと・の｝を忘れた。
3．これ、運ぶ｛こと・の｝、手伝ってくれない？
4．冬でも新鮮な野菜が食べられる｛こと・の｝はうれしい。
5．メッセージが届いた｛こと・の｝がすぐわかるように設定した。
6．大勢の人が参加してくれる｛こと・の｝を期待しながら、その日を待った。
7．誰かが困っている｛こと・の｝を見たら、助けずにはいられない。

③「～のは～だ」

問1 適切なほうを選んでください。

あすか：素敵な絵だね。さすが、たけし。すごいね、こんな絵が描けるなんて。
たけし：え、違うよ。{ a．僕、この絵を描いていないよ。　b．この絵を描いたの、僕じゃないよ。}

❖「XのはY」
・すでに共有されている情報（＝X）に対し、新しい情報（＝Y）を示す。

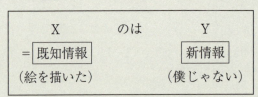

・最後に新しい情報を示すことで、焦点を当て強調できる。この文型を適切に使えば文章（談話）の展開の中で最も伝えたい情報を効果的に伝えることができる。（参照：練習1-2・総合練習2）

練習1-1　（　　）の内容を、例のように直してください。
例：〈写真を見ながら〉
真ん中がお母さん、左がお父さん、それじゃ、（誰が、お母さんの右にいるの）？
→　お母さんの右にいる　のは　　誰なの　　？

1．〈ニュース〉
モスクワで開かれたヴァイオリンコンクールで、15歳の日本人が優勝しました。
（札幌に住む15歳の山下れいさんが、優勝しました。）
→ ＿＿＿＿＿＿＿＿のは＿＿＿＿＿＿＿＿＿＿＿＿＿＿＿＿＿＿＿＿＿＿。

2．〈サッカーの試合について〉
代表はいいプレーをした。専門家は、相手が強くて、点を取られてしまったと分析しているが、僕は、（相手が強いから、点を取られてしまった）とは思わない。
→ ＿＿＿＿＿＿＿＿のは＿＿＿＿＿＿＿＿＿＿＿＿＿＿＿＿＿＿とは思わない。
（ディフェンスのコンビネーションが悪くて点を取られてしまった）ではないだろうか。
→ ＿＿＿＿＿＿＿＿のは＿＿＿＿＿＿＿＿＿＿＿＿＿＿＿＿＿＿ではないだろうか。

3. かおり：たけしは、色は、黒が好きだったよね。
　　たけし：いや、（黒が好きじゃなくて、白が好きだよ）。
　→ _____ のは _____ 。

練習1-2 最も文脈に合うように、下線部を書き換えてください。

710年に奈良に都が移されると、中国の官僚制度が移入され、天皇や貴族を中心とした、宮廷文化が花開きます。この頃、まだ、武士は政治の表舞台には出てきてはいません。鎌倉時代になると、武士が政治を行うようになります。

　→ _____ のは _____ 。

☕ちょっと一息 ⑨

「～の～の」（物の名前＋「の」＋性質＋「の」）

日常の話し言葉の中で、「その青いりんごをください」の代わりに、「そのりんごの青いのをください」のように、始めに名詞を示し、後でその性質を述べる言い方があります。

　　　赤いりんご　⇒　りんご の 赤い の
　　　性質 名詞　　　　名詞　　　性質

この用法は、「メロンの熟したのはどれですか」のように、目の前のものを指しながら、人に尋ねたり頼んだりするときに使われます。

3.「ところ」の用法

①「ところ」の意味 ・・

問1 次の「ところ」は、場所、場面、範囲のうち、どれを表しますか。
1．これから料理を作るところです。
2．来週行くところは、まだ決まっていません。
3．難しい内容ですが、これまでのところは、特に質問はありません。

❖「Xところ」の「ところ」の意味
  1．場所（問1-2）、範囲（問1-3、練習1-1）、内容（練習1-2）、人の性格や様子（練習1-3）に加え、変化の段階や場面（問1-1）などを表す。（②参照）
  2．「正直なところ」「本当のところ」「今のところ」などの表現は、範囲を示す。

練習1 1～5の「ところ」の用法に、最も近いものをa～eから選んでください。
1．今日習ったところをうちで復習してください。
2．歴史書が示すところでは、この地域は10世紀になってから開拓されたという。
3．彼女に、僕のかっこいいところを見せたい。
4．今のところ結婚するつもりはない。
5．新製品って、大々的に宣伝しているけど、本当のところ、どうなの？

a．正直なところ、その会には参加したくない。
b．わからないところに線を引いた。
c．生徒たちは熱心に取り組んでいます。ぜひ、頑張っているところを見てください。
d．このところ、おめでたいニュースが続いている。
e．〈日本国憲法第30条〉 国民は、法律の定めるところにより、納税の義務を負う。

②「XところY」 ・・・

問1 適切なほうを選んでください。
1．連絡したところ、{ a．返事は来ないでしょう　b．すぐに返事が来た }。
2．〈ニュース〉職務質問を{ a．したら　b．したところ }、容疑者は逃走しました。
3．保護者が書くべきところ、{ a．子供　b．父親 }が書いた。
4．いつもなら9時に始まるところ、{ a．9時に始まった　b．10時に始まった }。

❖「XところY」の意味と用法
1. Xの結果、Yで新しい展開があった、新たな事実が判明したという内容を表す。(問1-1、2)
   文型「XたらYた」と同様の用法だが、ニュースなど報道文では、「ところ」が使われる傾向がある。
   例：警察が家宅捜索を｛○したところ・×したら｝、薬物が見つかりました。
2. 本来のXとは異なるYが起こる。(問1-3、4)
   意外な結果を表すという点で、「のに」などと同様の用法だが、「ところ」は不満の意味はない。

練習1　適切なほうを選んでください。
1. 受付で聞いたところ｛a．すぐに教えてくれた　b．教えてくれるだろう｝。
2. 平日は100円のところ、｛a．今日は50円だった　b．今日も100円で買った｝。
3. いつもなら、その場で買えるところ、新しいゲームソフトは、｛a．予約して2週間待ちだそうだ　b．すぐに買えた｝。
4. 〈ニュース〉検査を｛a．したら　b．したところ｝、結果は陰性でした。
5. 〈ニュース〉通報を受けて消防車が｛a．駆け付けたら　b．駆け付けたところ｝火事はすでに鎮火していました。

③「Xところ（で・に・を）Y」..............................

問1　適切なものを選んでください。
1. 焼き立てのステーキを口に運ぶところ｛で・に・を｝、目が覚めた。
2. 電話を掛けようとしていたところ｛に・を｝先方からメールが来た。
3. 川でおぼれかけていたところ｛で・に・を｝友達に助けられた。
4. 遠いところ｛で・に・を｝わざわざお越しいただき恐縮です。

❖「Xところ（で・に・を）Y」の意味と動詞の特徴
　Yではこれまでの流れとは異なる新たな展開を示すが、それぞれ次のような違いがある。

- Xところ で ：Xで区切りがついて、予期しなかった展開となったり（問1-1）、新しい行動を起こす。
- Xところ に ：Xを中断するYが起こる。Yには、「来る」「届く」「現れる」など。（問1-2）
- Xところ を ：Yは、「見る」「呼び止める」「助ける」などの受身形、「〜てもらう」「見つかる」「捕まる」などが来る。（問1-3）
　また、相手の状況を変化させ、相手に負担を掛けたことに配慮を示す表現として、感謝や謝罪の前置きに使われる。（問1-4）

練習1　「ところ（で・に・を）」を使い、例のように、一文にしてください。

例：深夜寝静まった。ちょうどその頃、電話が鳴って、飛び起きてしまった。
　　→深夜寝静まったところに、電話が鳴って、飛び起きてしまった。

1. 食事をしていた。ちょうどそのとき、知り合いが訪ねて来た。
　　→＿＿＿＿＿＿＿＿＿＿＿＿＿＿＿＿＿＿＿＿＿＿

2. 苦しいコースを走りゴールをした。ちょうどそのとき、倒れてしまった。
　　→＿＿＿＿＿＿＿＿＿＿＿＿＿＿＿＿＿＿＿＿＿＿

3. 40歳になった。それを区切りに、酒とたばこをやめた。
　　→＿＿＿＿＿＿＿＿＿＿＿＿＿＿＿＿＿＿＿＿＿＿

4. 不合格かもしれないと諦めかけていた。ちょうどそのとき、合格通知が来た。
　　→＿＿＿＿＿＿＿＿＿＿＿＿＿＿＿＿＿＿＿＿＿＿

5. 町をぶらぶら歩いていた。そのとき、友達に呼び止められた。
　　→＿＿＿＿＿＿＿＿＿＿＿＿＿＿＿＿＿＿＿＿＿＿

6. （私は）彼と買い物をしていた。ちょうどそのとき、その様子を母に見られた。
　　→＿＿＿＿＿＿＿＿＿＿＿＿＿＿＿＿＿＿＿＿＿＿

4. 総合練習

1．適切なほうを選んでください。

(1) 情報過多の時代は、情報を集める｛こと・もの｝より、捨てる｛こと・もの｝のほうが大切になる。

(2) 「かゆいところに手が届く」という言い方は、細かい｛ところ・もの｝まで、心配りができる、してほしいと思っている｛もの・こと｝を察して世話をしてくれることをいう。

(3) X：イカは1杯といいますが、なぜこんな数え方をするのですか。
　　Y：これは、胴部が水などを入れる器の形に似ている｛こと・もの｝から、「1杯」「2杯」と数えるようになったと言われています。

(4) 「渡りに舟」というのは、川を渡ろうとしている時に運よく船があったように、ちょうど何かをしようと思っていた｛ところに・ところを｝、思いがけなく都合の良いことが起こるという意味だ。

(5) ドッキリとは、バラエティ番組の中で、うその進行を伝えて出演者をだまし、出演者のショックや感激が最高潮に達した｛ところを・ところで｝、ネタばらしをするというパターンのものである。

2．舞台上の展開が会場に緊張感をもたらす様子をより効果的に示すために、「〜のは〜だ」を使って一か所のみ書き換えてください。

　舞台の中央にある大きなボックスのわきにマジシャンが立っていた。彼がその蓋(ふた)を開けるのと同時に舞台の袖から、赤いドレスの女が現れた。その女がゆっくり歩みより、ボックスの中に入ると、マジシャンが蓋を閉めた。まもなく、別のボックスが運ばれてきた。中に人がいる気配がした。マジシャンは、そのボックスを開けた。なんと、中から、さっきの赤いドレスの女が出てきた。会場は歓声に包まれた。

→ _____

3．適切なものを一つ選び、文を完成してください。

　　　もの　こと　ところに　ところを　ところで

(1) 一冊読み切った（　　　　　　　）、急に、眠気に襲われた。
(2) 彼は、いつも私の（　　　　　　　）を考えてくれている。
(3) 大切な（　　　　　　）をどこかで無くしてしまった。
(4) ちょうど食事ができた（　　　　　　　）、家族が帰って来た。
(5) こっそりタバコを吸っている（　　　　　　　）、先生に見られてしまった。

VI つなぐ表現

ウォームアップ

A. より適切なほうを選んでください。
1. 遠くからでも見える｛ために・ように｝、大きい字で書いた。
2. 〈ソクラテスの言葉〉 生きる｛のに・ために｝食べよ、食べる｛のに・ために｝生きるな。
3. A：どこ行くの？
   B：ジュースを｛買うために・買いに｝コンビニに行って来る。
4. 母からすぐ帰国する｛と・ように｝言われて、来週帰る｛と・ように｝返事した。
5. 早く元気になる｛と・ように｝祈っています。

B. 下線部の使い方が不適切なものを一つ選んでください。
1. a．地球は自転<u>しながら</u>、公転している。
   b．景色を楽し<u>みながら</u>、下山した。
   c．学校へ行き<u>ながら</u>、相談した。
2. a．暗いですから、気を付け、お越しください。
   b．子犬が3匹生ま<u>れ</u>、にぎやかになった。
   c．お世話にな<u>り</u>、ありがとうございました。
3. a．雨が降ら<u>なくて</u>よかった。
   b．声を出さ<u>なくて</u>読んでください。
   c．子供会なのに、子供はあまり来<u>なくて</u>、参加者のほとんどが大人だった。
4. a．立った<u>ついでに</u>、タオル持って来て。
   b．出張の<u>ついでに</u>、街を観光した。
   c．観光する<u>ついでに</u>、出張した。

5．a．楽譜を見たまま、演奏した。
　　b．昨年買ったタブレットは、一度も使わないまま、バザーに出した。
　　c．座ったまま、発表させていただきます。
6．a．関係者の意見を聞きつつ、解決の方策を練った。
　　b．自宅にいつつ、ビジネスをする。
　　c．台風は速度を速めつつ、北上している。

1. 目的 －「ために」「ように」「のに」「に」－

① 「ために」「ように」

問1 適切なほうを選んでください。

1. ベビーカーが通れる｛ために・ように｝通りの段差をなくした。
2. 問題を解決する｛ために・ように｝、あらゆる手を尽くした。
3. 暗証番号は、他の人に知られない｛ために・ように｝誕生日などは避けて設定する。

❖ 「XためにY」
　Xの述部：主語の意志で行う動詞。

❖ 「XようにY」
　意味：Xの状態になることを目指してYをする。
　Xの述部：「なる」などの自動詞、可能形、否定形、形容詞
　　　　　ただし、自動詞や否定形であっても、強い意志があるときは「ために」が使える。
　　　　　例：過ちをくり返さないために万全の注意を払った。
　　　　　　　美しくなるために毎日トレーニングをしている。

練習1-1 下線部を完成し、適切なほうを選んでください。
両方使える場合もあります。

1. 持ち運びに便利＿＿＿＿＿＿｛ために・ように｝ひもを付けた。
2. 寝ている子を起＿＿＿＿＿＿｛ために・ように｝そっとドアを閉めた。
3. 命の尊さを忘＿＿＿＿＿＿｛ために・ように｝記念碑を作った。
4. 次の試合で勝＿＿＿＿＿＿｛ために・ように｝対戦相手を研究している。

練習1-2 次のA、Bの場合、何をするか、例のように書いてください。

A．パーティの主催者

例：明るい雰囲気になる（　ように　）　　　部屋中に花を飾った　　　。
1. みんなに楽しんでもらう（　　　）＿＿＿＿＿＿＿＿＿＿＿＿＿＿＿＿。
2. くつろいでもらえる（　　　）＿＿＿＿＿＿＿＿＿＿＿＿＿＿＿＿＿。
3. 場が盛り上がる（　　　）＿＿＿＿＿＿＿＿＿＿＿＿＿＿＿＿＿＿。

B．ある教師の心得

1．みんながわかる（　　　　　　）　　　　　　　　　　　　　　　　　　　　。

2．みんなに聞こえる（　　　　　　）　　　　　　　　　　　　　　　　　　　。

3．全員試験に合格させる（　　　　　　）　　　　　　　　　　　　　　　　　。

②「のに」「に」……………………………………………………………………

問1 適切なほうを選んでください。

1．夏を快適に過ごすのに｛エアコンは不可欠だ・北海道へ行く｝。

2．会社を｛設立するのに・設立しに｝資金が必要だ。

3．図書館へ、本を｛返しに・返すのに｝行く。

❖「XのにY」

　Y：使う、（時間・費用など）かかる、必要だ、便利だ、などを意味する述語。

❖「Xに行く」

　形：ます形（「返します」の「返し」）＋に＋動詞（「行く」「来る」など移動を表す動詞）

　その場所で行う典型的・日常的な目的の場合に使う。（問1-3）

　したがって、次の文は日常的な行動のように解釈されてしまい不適切である。

　　大臣は条約を締結しに北京へ行った。（？に　⇒　〇ために）

練習1-1 例のように、「のに」か「に」の適切なほうを用い、一文にしてください。

例：傘を返す　＋　来ました。　⇒　傘を返しに来ました。

1．このサイトにリンクを張る　＋　許可が必要らしい。

　→ _____

2．100㎡の家を建てる　＋　木を90本使うという。

　→ _____

3．忘れ物を取る　＋　うちに戻った。　→ _____

4．友達を迎える　＋　空港へ行って来た。　→ _____

5．飲み物を買う　＋　駅前のコンビニへ行った。

　→ _____

練習1-2 下線部に注目し、次の文が不適切な理由を説明してください。

たけし：午後、美容院へ行くんだっけ。

あすか：うん、髪を切るために行って来る。

2. 引用

①引用文 ・・・

問1 下線部を完成してください。

あすか：すぐ来て。

たけし：わかった。すぐ行く。

1. あすかはたけしに＿＿＿＿＿＿＿＿と言った。
2. あすかはたけしに＿＿＿＿＿＿＿＿ように言った／指示した／頼んだ。
3. たけしはあすかに＿＿＿＿＿＿＿＿と答えた。
4. たけしはあすかに＿＿＿＿＿＿＿＿ように言われた／指示された／頼まれた。

❖ 引用文：「Xと」「Xように」

1. X：引用内容の形

    「Xと」：元の形を変えずに伝えることができる。

    「Xように」：Xの動詞は原則として普通形を用い、その他の表現は文体に合わせる。

    　　　例：すぐに（会話）⇒すみやかに（解説文）

    　　　但し、丁寧に依頼する場合や祈願を表す文では丁寧形（〜ます）も使われる。

2. 指示を表す文では「〜ように。」、祈願を表す文では、「〜る／ますように。」などのように、文末の「しなさい」「祈っています」などの動詞を省略することがある。

    　　　例：申請書は金曜までに提出するように。（指示）
    　　　　　平和が再び訪れますように！（祈願）

練習1-1 〈　　〉の状況に合うように、「　　」の文を直してください。

1. 「忘れ物しないでください」

    〈バスのアナウンス〉お降りの際は、お忘れ物＿＿＿＿＿＿＿＿＿＿＿＿＿
    お気をつけください。

2. 「登録は金曜までに済ませてください。」

    →〈文書〉＿＿＿＿＿＿＿＿＿＿＿＿＿＿＿＿＿＿＿＿＿＿＿＿＿お願いいたします。

3．「いい仕事が見つかるといいな。」
　　→ _____ ように！

4．大臣「審議を開始すべきだね、すぐにでも。」
　　→〈会話で〉大臣は _____ と言ってたよ。
　　→〈記事などに引用するとき〉
　　大臣は _____ と語った。

練習1-2　次の会話を「と」と「ように」を使用し、まとめてください。

あすか：私、ワインのおいしい店、知ってるんだけど。
たけし：へえ、どこ？
あすか：駅前のビル。
たけし：あ、知ってる。あの2階ね。いいね。
あすか：じゃ、今度の週末どうかな。後輩たちも誘って一緒に。
たけし：いいね。連絡しとこうか。
あすか：じゃ、よろしく。

あすかは、駅前のビルの2階に、ワインのおいしい店があるから、
_____ 誘った。たけしに、
_____ 頼んだ。

②引用のモダリティ

問1　aとbの違いは何ですか。

1．a．この本の内容は事実に反していると思います。
　　b．この本の内容は事実に反しているように思います。
2．a．彼は私が来なかったと言った。
　　b．彼は私が来なかったかのように言った。
3．a．彼は来ないと思われる。
　　b．彼は来ないと思われている。

❖「Xように＋動詞」
  1．不確かなときの言い方、婉曲的な言い方（問1−1b）
  2．「〜かのように」の形で「まるで〜のようだ」の意味（問1−2b）

❖「〜と／ように思う、思える、思われる、思われている」（問1−3）
  1．「（私が）思う、（私に）思える・思われる」と「（一般に）思われている」はそれぞれ「思う」主体が異なる。
  2．「思われる」は、「思う」に比べ、断定を回避した述べ方である。「考えられる」「判断される」「推測される」など思考・判断を表す動詞の受身形も同様の機能を持つ。

練習1 1、2は「ように」、3、4は、受身形を使って文を完成してください。

1．この銀行は、確か、5年前は別の名前だったんじゃないかな。
  →この銀行は、5年前は別の名前_____記憶している。
2．私は約束していないのに、彼はそう思わせる言い方をした。
  →彼は、まるで私が約束した_____言った。
3．人工知能やロボットが進化すると、いくつかの職業はなくなるだろう。（推測する）
  →（私）人工知能やロボットが進化すると、いくつかの職業はなくなる_____。
  →（識者の間で）人工知能やロボットが進化すると、いくつかの職業はなくなる_____。
4．恐竜は巨大隕石が原因で絶滅した。（考える）
  →（識者の間で）恐竜は巨大隕石が原因で絶滅した_____。

③「という」……………………………………………………………………

問1-1 不適切な箇所を直してください。

1．新製品については、コストがかかりすぎる指摘がある一方、斬新の評価もあった。
　_____

2．彼には、本当にその会社で働きたい意志が感じられない。
　_____

問1-2 下線部を適切な言い方に直してください。

あすか：昨日、李凡さんに会って、北京の話を聞いたよ。
たけし：え、誰その人？　ぼくの知ってる人？
あすか：たけしの知らない人だよ。
たけし：？？

問1-3 「というもの」を入れることによって、意味が変わりますか。

1．親というものは、どんなときでも子供のことを助けてくれる。
2．いい辞書というものは、使えば使うほど、愛着がわく。

> ❖「という」の用法1：内容を説明する
> 　思考、発話にかかわる名詞の内容を「という」を用いて説明する。（問1-1）
> 　名詞の例：意見、指摘、批判、評価、規則、うわさ、記事……
> 　例：長い髪は結ぶという校則　「長い髪は結ぶ」は校則の内容を説明している。
> 　例：40年前に定めた校則　　「40年前に定めた」は校則の内容ではない。
> 　「という」が不要な名詞：相対名詞（前、左、翌日など）
> ❖「という」の用法2
> 　相手が知らないものを話題にするとき（問1-2）
> ❖「というもの」の用法
> 　その言葉の本質を改めて説明するとき（問1-3）

練習1-1　下線部の名詞の前に「という」が必要なものはどれですか。
1．いきなり私の提案に対し「間違っている」指摘を受けた。代案が全くない指摘に、イラッとした。
2．B社がC社に買収されるうわさが流れている。
3．この事件では、被害者の人権が守られていない批判が、相次いでいる。
4．彼女は、事件があった翌日も、学校に来ていた。

練習1-2　二人の会話に誤解が生じているのはなぜですか。
マリア：李凡さんという人に会って、北京の話を聞いたよ。
あすか：ああ、この前、会った人のこと？
マリア：そうよ。一緒にご飯食べたでしょ。
あすか：？？

練習1-3　「というもの」を使って文を作ってください。
1．宇宙は広くて、果てしないのです。
2．記憶は、時の流れとともに、変わっていくものだ。
3．彼は、これまで、幸せを感じたことがないという。
4．オフセット印刷とシルク印刷は、違うものなんです。
5．親元を離れて、外国で一人暮らしをしてみたい。

☕ちょっと一息 ⑩

「という」類：といった・との（こと・N）

「という」には、いくつか類義表現があります。そのうち、「Xといった」は、X以外の例もあることを含意します。
・最近は、納豆やみそ、チーズといった発酵食品が注目されている。
「Xとのこと」は、伝聞、引用を表します。
・田中さんから連絡があり、今日の会議は欠席するとのことです。
・このレストランの食材はすべて県内産とのことです。
「XとのN」は、同じく、伝聞、引用に使いますが、解説文や改まった表現として使われることが多いです。
・アナリストは、日本経済は円高・株安に進むとの見方を示した。

3. て形・連用中止形・なくて

①て形

問1 「て」の使い方で、1～4と同じものをa～dから選んでください。

1. 昔は、この川を、泳いで、渡った。（方法）
2. 事務所に行って、用紙をもらった。（順序）
3. 今日は財布を忘れて、困っている。（原因）
4. おじいさんは山へ行って、おばあさんは川へ行った。（対比）

a. 電話をもらって、すぐに出かけた。
b. キムさんに久しぶりに会えて、うれしかった。
c. 卒業後、チンさんは北京で就職して、イムさんはソウルで会社を作った。
d. 薬を塗って、傷口を保護した。

> ❖ 動詞・形容詞の「て形」
> 「て形」は二つ以上の文を結ぶ。その関係は、緩やかであり、意味も様々である。意味関係を明示する場合は、他の文型を用いる。

②連用中止形

問1 適切なほうを選んでください。

1. ｛気をつけ・気をつけて｝お越しください。
2. 〈ホールのアナウンス〉ご来場の皆様、開演時間が定刻より遅れて｛いて・おり｝誠に申し訳ございません。今しばらくお待ちくださいますようお願い申し上げます。
3. この箸は｛長く・長くて｝持ちにくい。

Ⅵ つなぐ表現

❖ 動詞と形容詞の接続形「連用中止形」

連用中止形の形

	動詞			い形容詞
	食べる	〜する	いる	寒い
肯定	食べ	来日し	おり	寒く
否定	食べず	来日せず	おらず	寒くなく

❖ 「て形」との用法の違い

意味	連用中止形	て形
付帯状況※	×昔、この川は泳ぎ渡った。	○昔、この川は泳いで渡った。
順序	○駅前でバスを降り、電車に乗る。	○駅前でバスを降りて、電車に乗る。
理由	○雨が降り、残念だ。	○雨が降って、残念だ。
対比	○兄は山に登り、弟は海で遊んだ。	○兄は山に登って、弟は海で遊んだ。

※ Yをするときの方法や様子

1. 書き言葉や改まった話し言葉では、連用中止形が使われる。

   例：お世話に {○なり・?なって}、ありがとうございます。

2. 3つ以上の文をつなぐとき、て形と連用中止形を交ぜて使う。て形、あるいは連用中止形のみの連続は好まれない。て形より連用中止形の方が、切れ目がある。

   例：市場へ行って、値段を調べ、うちへ帰って、表を作り、昨年のものと比較した。

練習1-1　下線部を連用中止形でつなぐことができないものはどれですか。

1. 手伝っていただいた。感謝している。
2. 雨の中、走った。うちへ帰った。
3. 本コースでは、想像力の育成を目的としている。様々な試みを取り入れている。
4. おじいさんは山へ芝刈りに行った。おばあさんは川へ洗濯に行った。

練習1-2　て形と連用中止形でつないで、一文にしてください。

1. ジャケットを着る。トランクを持つ。帽子をかぶる。そして、出かけた。

2. 製品を袋に入れる。封をする。箱に詰める。送り状を貼る。出荷する。

3．〈通信文〉昨年、本社に転勤になりました。今月でちょうど1年になります。昨年秋までは、人事課で採用を担当していました。この半年は特に新人教育を行っております。（二つの文に）

_____
_____

③「なくて」「ないで」「ずに」「ず」「なく」

問1 適切なものを選んでください。複数使える場合もあります。

1．しょうゆを使わ｛ないで・なくて・ずに｝おいしい煮物が作れる。
2．昨日は、会え｛ないで・なくて・なく｝残念でした。
3．N1の試験は、今年は受け｛ないで・ずに・ず｝来年に受けるつもりだ。

❖ 動詞の否定接続形の用法
代表的な用法の使い方は、おおよそ、次のようになる。

	問1	なくて	ないで	ずに	ず	なく※
付帯状況	1	×	○	○	○	○※
理由	2	○	×	×	○	○※
対比	3	○	○	○	○	○※

※「なく」は、形容詞・名詞の場合に使う。形容詞・名詞の場合は「なくて」「なく」のみを使う。用法は動詞と同じ。

練習1 適切なものを選んでください。複数使える場合もあります。

1．楽譜を見｛なくて・ないで・ずに｝弾けるようになった。
2．怒ら｛なくて・ないで・ずに｝聞いてくださいね。実は……。
3．敬語の使い方がよくわから｛なくて・ないで・ず｝困っている。
4．せっかくの機会だったのに、会え｛なくて・ないで・ず｝残念だった。
5．子供の姿が見え｛なくて・ないで・ずに｝あちこち探し回った。
6．夕べは、うちへ帰ら｛ないで・ずに・ず｝友人宅に泊まった。
7．彼は、野菜は食べ｛ないで・ずに・ず｝肉ばかり食べている。
8．沖縄の1月は、冬では｛なくて・なく｝春だ。
9．彼は、看護士では｛なくて・なく｝医師だ。

問2 適切なほうを選んでください。
1．この時計は自分で買ったものじゃ{ないで・なくて}、友達からもらったものだよ。
2．幼児用の薬は苦く{ないで・なくて}、飲みやすい。
3．眼鏡を掛け{ないで・なくて}遠くを見ることができない。

❖ 動詞「ある」の否定接続形

	なくて	ないで	ずに	ず	なく
動詞（見る）	○	○	○	○	○
動詞（ある）	○	ー	ー	ー	○

形容詞、名詞は、動詞「ある」と同じ。

練習2 「ないで」か「なくて」を使って文を完成してください。
1．北海道の夏は、そんなに（蒸し暑い）＿＿＿＿＿＿＿＿＿＿＿＿、過ごしやすい。
2．この仕事は、自分の（ためだ）＿＿＿＿＿＿＿＿＿＿みんなのためにやっている。
3．試験では、辞書を（使う）＿＿＿＿＿＿＿＿＿＿、問題を解かなければならない。
4．今回の試験は、時間が（ある）＿＿＿＿＿＿＿＿＿＿＿＿、焦ってしまった。

4. 付帯状況・例示

① 「ながら」

問1-1 適切なほうを選んでください。
1. 親は絵本を読みながら、{子供たちの様子を観察した・子供たちが聞き入っていた}。
2. {電車に乗りながら・音楽を聞きながら}、勉強する。
3. {学校へ行きながら・歩きながら} 相談した。

問1-2 「Xながら」は一回限りの動作ですか。
1. 道行く人にたずねながら、ようやく、目的地に着いた。
2. 料理は、失敗しながら、だんだん上達していく。

問1-3 一文にしてください。
1. 台風は勢力を弱める ＋ 北上した。
  →
2. 細胞は、分裂を繰り返す ＋ 分かれていく。
  →

❖「XながらY」
1. XとYの主語は同じである。
   例：親は絵本を読みながら、子供たちの様子を観察する。
2. Xの動詞
   ○ 聞く・読む・飲む・書く・話す・歩く・動くなど（継続動詞）
   × 行く・来る・座る・乗るなど（瞬間動詞）

用法1：同時に行う二つの動作。XはYを行うときの状態・様子（問1-1）
   例：親は、子供たちの様子を心配しながら見守った。
用法2：Xは、Yを行うときに、繰り返される反復行動（問1-2）
   例：虫に食われながら山道を進んで行った。
用法3：二つの変化や動きを伴う自然現象やメカニズム（問1-3）
   例：花火は、はなやかな光を放ちながら夜空に散っていった。

練習 1-1 「ながら」を使って一文にしてください。
1. Shift キーを押す ＋ クリックしてください。
   → _____
2. 弱火で熱する ＋ 手早くかき混ぜてください。
   → _____
3. 参加者の意見を聞く ＋ 結論をまとめたい。
   → _____
4. 新製品の開発では、機能を充実させる ＋ 低コストを目指す。
   → _____
5. 目に涙を浮かべる ＋ さようならと言った。
   → _____

練習 1-2 次の文は、P96 の用法 1～3 のどれですか。
1. 壁にもたれながら、友達を待った。
2. 万年筆は、毎日使うのではなく、休ませながら使うのがいい。
3. ほたるは、円を描きながら、夜空を舞った。
4. 物体は一定の割合で速度を落としながら、静止する。
5. 採用結果が届いた。ドキドキしながら、封を開けた。
6. 転びながら、ようやく、ゴールできた。

②「まま」「つつ」「っぱなし」

問 1-1 適切なほうを選んでください。
1. a．ネクタイをしたまま、面接を受けた。
   b．ネクタイをしたまま、寝た。
2. a．誘われるまま、付いて行った。
   b．誘われながら、付いて行った。

問 1-2 適切なほうを選んでください。両方使える場合もあります。
1. 電気を{付けたまま・付けっぱなしにして}寝てしまった。
2. 最近、みんなから、文句を{言われっぱなしで・言われたままで}うんざりしている。
3. {食べつつ・食べながら}本を読む。
4. 意見を{検討しつつ・検討しながら}結論を出す。

❖「X（〜た／〜ない）ままY」
用法1：前の状況がそのまま変わらず、残っているという意味。本来あるべき状況でなく、好ましくないという意味を含む。（問1-1-1b）
用法2：なりゆきに任せYをする。
　　　例：足／気の向くまま、思うまま、〜されるまま、感じたまま、など（問1-1-2a）

❖「XつつY」
「つつ」は、「ながら」と同じように用いられるが、描写的な文章や書き言葉に多い。
　　　例：？食べつつ本を読もう。　○意見を検討しつつ結論を出す。

❖「Xっぱなし」
用法1：やるべきことをやらず放置、放任しているというマイナスのニュアンス。
　　　例：脱ぎっぱなし、出しっぱなし、言いっぱなし、付けっぱなし…
用法2：好ましくないことが繰り返し続く。
　　　例：このところ、負けっぱなしだ。

練習1-1　「まま」「つつ」の使い方が正しくないものはaとbのどちらですか。正しくないものを訂正してください。

1．a．楽譜を見ないまま、オルガンが弾ける。
　　b．チューリップの球根を買ったが、芽が出ないまま、枯れてしまった。
2．a．二つのチームは、連携を保ちつつ、それぞれ作戦を練った。
　　b．飛び込み台からジャンプするとき、選手は、飛びつつ何を考えているのだろう。

練習1-2　「まま」を使って一つの文にしてください。
1．犯人が見つからない。その事件は来月時効を迎える。
　→ _____ないまま _____。
2．パソコンを買った。しかし、一度も使ったことがなく、ほこりをかぶっている。
　→ _____たまま _____。
　→ _____ないまま _____。
3．質問の時間が与えられなかった。そして、会はそのまま閉会した。
　→ _____ないまま _____。

練習1-3　適切なほうを選んでください。両方使える場合もあります。
1．彼女は朝からずっとしゃべりっぱなしで {楽しい・うるさい}。
2．服を着たまま、{出かけた・お風呂に入った}。
3．彼は、いつも {言いっぱなし・言ったまま} で、自分では何も実行しない。
4．彼女は「そうね」と言い {ながら・つつ} 視線を落とした。
5．歩き {ながら・つつ} スマホを使うことを、歩きスマホという。

③「がてら」「ついでに」「かたわら」「かたがた」

問1　下線部の使い方が適切なものはどれですか。
1．音楽を聞きがてら日本語を勉強する。
2．散歩がてら、昨日オープンしたという画廊をのぞいてみた。
3．パソコン用のケースを買うついでにパソコンも買った。
4．立ったついでに、タオル持って来て。
5．夜間は、スポーツクラブに通うかたわら、昼間は大学で数学を専攻している。
6．ご報告かたがた、おわびに参りました。

- ❖ 「XがてらY」
  意味：Xの機会にもう一つの目的Yをする。
  X：練習、報告、お礼、買い物、観光、散歩、見送り、息抜き、など「名詞する」動詞の名詞の部分
  例：散歩がてら、図書館で本を借りてきた。
- ❖ 「XついでにY」
  意味：Xの機会を利用してYをする。「Xがてら」と比べ、Xが主で、Yは追加的であるという意味が明確である。人に頼むときは注意が必要である。
  例：その資料をコピーするついでに、この書類もコピーしてもらえませんか。（私のためにわざわざするのではないので、負担ではないでしょうというニュアンスを、押しつけがましく感じる場合もある）
  X：動詞の辞書形、た形、名詞＋の
- ❖ 「XかたわらY」
  意味：Xは、主な活動・本来していること、それ以外に、空いた時間でYをする。
  X：動詞の辞書形、名詞＋の
  例：昼間は会計士として勤務するかたわら、夜は、空手教室で教えている。
- ❖ 「XかたがたY」
  意味：「XがてらY」と同じ。「がてら」より改まった場面で使われる。
  X：名詞（お礼、報告、おわび、お見舞いなど）
  例：おわびかたがた、お土産をお持ちしました。

練習1　「がてら・ついでに・かたわら・かたがた」から一つを選び、必要に応じ下線部を直してください。

1. お礼（　　　　　　　）、先生のお宅に寄りました。
2. 息抜きをする（　　　　　　　）、ネットサーフィンしていたら私の名前が出てきて驚いた。
3. ドライブをする（　　　　　　　）、いろいろな山荘を見て回りました。
4. 図書館に行く（　　　　　　　）、飲み物を買った。
5. 会社を経営する（　　　　　　　）、スポーツインストラクターもやっている。
6. 彼は、教師（　　　　　　　）、専門学校に通って、通訳の資格を得た。

7. X：わざわざ届けてくれてありがとう。
   Y：気にしないで。コンビニに行く（　　　　　　　）寄っただけだから。

④「と」「やら」「なり」

問1-1（　　　）に助詞をいれてください。

1. なんということか（　　　　　　）怒りをあらわにした。
2. チューリップ、すみれ、水仙（　　　　　）春の訪れを告げる花が咲き誇っている。
3. 夏は鈴虫、秋はこおろぎ（　　　　　　）季節感あふれる虫の声が楽しめる。

問1-2 話し手は、下線部の状態を好ましいものとしてとらえていますか。

1. 息子は、生きているのやらいないのやら、連絡がないのでさっぱりわからない。
2. 引き出しの中は、郵便物やらノートやらで、ごちゃごちゃだ。

問1-3 下の「なり」と使い方が同じものは、aとbのどちらですか。

手洗いをこまめにするなりして、感染予防に努めること。

a．肉は、生で食べるのではなく、煮るなり、いためるなりして、火を通したほうがいい。
b．彼は、会うなり、映画の話をし始めた。

❖ 具体的な内容を示す「と」
　「Xと」は、Yの具体例を示す。（問1-1）

❖ X1やらX2やらY
　・Xに例として複数のものを挙げ、どちらかよくわからないという意味。（問1-2-1）
　・Xが動詞のとき、「V1のやら、V2のやら」と「の」が入る。
　・Yの例を挙げるときにも使う。（問1-2-2）
　・いずれも、判断に困ったり、よく思っていないときに使う。

❖ X1なり（X2なり）してY
　意味：Yの例として、Xを示す。（X以外他にもあるという含みをもつ）
　Yは、指示、依頼、義務の表現が来るが、ぞんざいな印象を与えるので、改まった場合は使用しない。
　例：？お飲み物を召し上がるなりソファーにお掛けになるなりして、おくつろぎください。

練習 1-1　例のように、文を完成してください。

例：この数年、結婚、出産、新居購入＿＿とおめでたいこと＿＿が続いた。

1．はしか、インフルエンザ、ノロウイルス＿＿＿＿＿＿＿＿＿＿病気を予防するには、人ごみを避けることが重要だという。
2．朝は、ベーコン、昼は焼肉、夜はステーキ＿＿＿＿＿＿＿＿＿＿好んでいる。
3．参加者は、タキシード、着物、スーツ＿＿＿＿＿＿＿＿＿＿で登場した。

練習 1-2　「やら」を使って、一文にしてください。

1．行く、行かない　＋　連絡もなくてわからない。
→＿＿＿＿＿＿＿＿＿＿＿＿＿＿＿＿＿＿＿＿＿＿

2．誰が来る、何人来る　＋　わからず、料理の準備ができない。
→＿＿＿＿＿＿＿＿＿＿＿＿＿＿＿＿＿＿＿＿＿＿

3．DM、請求書　＋　机の上は雑然としている。
→＿＿＿＿＿＿＿＿＿＿＿＿＿＿＿＿＿＿＿＿＿＿

4．保険料、学費　＋　今月も出費がかさむ。
→＿＿＿＿＿＿＿＿＿＿＿＿＿＿＿＿＿＿＿＿＿＿

練習 1-3　下線部を完成してください。

1．やけどをしたときは、＿＿＿＿＿＿＿＿＿＿なりして、早く冷やしてください。
2．＿＿＿＿＿＿＿＿＿＿＿＿＿＿＿＿＿＿＿＿なりして、自分を磨くといい。
3．日本にいる間は、＿＿＿＿＿＿＿＿＿＿なりして、家族が安心できるよう、連絡を取り合ってください。

5. 総合練習

1. 適切なほうを選んでください。
(1) 「当たって砕けよ」というのは、成功しなくてもいい{の・と}覚悟を決めて、思いっきりやってみることをいう。
(2) 「立ち往生する」とは、途中で{止まったまま・止まりながら}、進むことも、戻ることもできない様子をいいます。
(3) モンスターペアレントとは、例えば、うちの子を学芸会で主役にしろ{やら・なり}、成績が伸びないので、先生を変えろ{やら・なり}、学校に対し、理不尽な要求をしてくる親のことである。
(4) 「油を売る」とは、無駄話をして仕事を怠けることをいう。これは、江戸時代に、髪の油を売る商人が女性たちと長々と話を{したまま・しながら}油を売っていたことに由来するという。

2. 慣用表現の説明です。下線部を直して、一文にしてください。
例：有無を言わせない　相手の意向を<u>確かめる</u>。無理やり自分の思い通りにさせること。
　　　　　　　　　　→相手の意向を<u>確かめないで</u>、無理やり自分の思い通りにさせること。

(1) 鵜呑みにする　　人の言葉や物事を十分理解、あるいは、<u>批判をする</u>。そのまま受け入れること。
　→

(2) 根にもつ　　受けた屈辱をいつまでも恨みに<u>思う</u>。忘れないこと。
　→

(3) 手をこまねく　　すべきことを<u>する</u>。傍観すること。
　→

(4) 音を上げる　　困難・苦難に<u>耐えられる</u>。弱気になること。
　→

(5) 足を洗う　　悪い仕事や仲間から<u>離れる</u>。まともな暮らしをすること。
　→

3. 適切なほうを選んでください。また、1～5の意味を表す慣用表現やことわざを、a～eの中から選んでください。

1. 無駄なお金を使わない{ように・ために}心がける。
2. 有能な鷹は、普段は、獲物に知られない{ように・ために}鋭いつめを隠しておく。
3. 都合の悪いことが知られない{ように・ために}、一時しのぎの方法で隠す。
4. 敵をあざむく{ように・ために}自分や味方を苦しめてまで行う策略、転じて、苦し紛れに行う対策。
5. 優れた人になれる{ように・ために}人の良い言動をまねする。

a. 臭い物に蓋をする
b. つめの垢を煎じて飲む
c. 財布の紐を締める
d. 能ある鷹はつめを隠す
e. 苦肉の策

4. 適切なものを一つ選び、一文にしてください。

| ながら　まま　がてら　っぱなし　かたわら　かたがた |

1. 散歩する ＋ 花火見物に出かけた。
   → _____
2. 信仰心というものには何の興味もない ＋ 育ってきた。
   → _____
3. 今日は、一日中立つ ＋ 足が痛い。
   → _____
4. 彼女は、パン屋を営む ＋ 花の写真を専門とする有名な写真家でもある。
   → _____
5. この観光コースは、自然を満喫する ＋ 歴史を楽しむこともできる。
   → _____

総合演習

1. 〈問〉に答えてください。
(1) 小川：NHKの「プロフェッショナル　仕事の流儀」という番組で、羽生さんのドキュメンタリーを拝見したんですが、将棋連盟での対局中の夕食は、一キロほど離れたレストランまで歩き、決まった席でサンドイッチを召し上がるんですね。その映像がたいへん印象に残りました。番組では「なにも（考えない：　　　　　　　）、頭の中に空白をつくる瞬間です」というナレーションが入りましたが、ものすごく集中されているように私には感じられました。なんとも表現できない、あんな不思議な表情でものを食べている人を見たのは初めてです。

羽生：自分ではどんな顔をしているのかなんて意識していないのですが（笑）。夕食休憩のある将棋は持ち時間が長くて、ペースの配分が難しいんです。思考に波をつけるために、食事のときは盤面の映像を頭から消している｛かぎり・ものの｝、張りつめた状態のまま脳を休ませているという感じですね。

小川：そんな器用なことがよくできますね（笑）。この番組の司会をしている茂木健一郎さんとお目にかかったときもあのレストランの場面が話題になりました。「デートしてる相手があんなふうに食事してたら、女性は怒るんじゃないですか」と茂木さんは心配していましたよ。「羽生さん（A　　　　　　　）私はOKです」と答えておきましたが。

羽生：ありがとうございます（笑）。でも実戦では、自分の読み筋通りに進むことなんてほとんどありません。さまざまな可能性を考え、全部で何百手も読んだ（B　　　　　　　）、次に予想外の手を指されたらまた一からやり直し。だから、うまく脳を休ませることも大事なんですよ。

(羽生善治『羽生善治　闘う頭脳』文春文庫)

注　思考に波をつける：ここでは思考に緩めるところと張るところを作ること

〈問1〉（　　）の動詞を適切な形に変えてください。
〈問2〉｛　　｝から適切なほうを選んでください。
〈問3〉A、Bに入る適切な言葉を考えてください。

(2) 〈スピーチ〉

えーと、私は、高校時代に、私服の女子高に通ってたんですが、仙台なんです〈 ① 〉、アーケード街をいっつも私服で歩いてる〈 ② 〉、なんか変な、いかがわしい仕事に誘われるっていうので、同級生たちが騒いでたんですよ。

で、ある日、私もなんかいかがわしいお兄さんに声をかけられて、「ああ、これか」と、思ったんです。

そしたらお兄さんが、「お姉さん、今何、仕事帰り？」って聞いてきて、「いや、学生です」って答えて、で、お兄さんが「ちょっとこの後、時間ない？」って聞いてきたんで、「いや、あんまりないです」って言い〈 ③ 〉、こう、歩いてたんですよ、2人で。

で、「実はね、あの、この近くの公園で、リンボーダンス大会やってるんだ〈 ① 〉、参加してくれない？」って言ってきて、あ、ナンパでもない〈 ④ 〉、いかがわしい仕事に誘われるでもない〈 ④ 〉、リンボーダンス…なんだ。やりそう？って思ったのはちょっとおもしろかったです。

（「わたしのちょっと面白い話コンテスト」http://www.speech-data.jp/chotto/）

注　いかがわしい：怪しげな、よくない
　　リンボーダンス：体を後ろへそらして、棒をくぐり抜けるダンス
　　ナンパ：知らない女性を遊びに誘うこと

〈問1〉①～④の〈　　〉に、次のどの言葉が入りますか。適切なものを選んでください。同じ番号のところには同じ言葉が入ります。

　　と　し　けど　から　ながら

(3) 宇宙飛行士の若田光一さんは日本人最多となる4度の宇宙飛行を経験。（略）命の危険すら伴う極限の状態で磨かれたリーダーシップとは。

　船長になって心がけたことは何ですか。

　「気をつけたのは、『あなたにこれを期待している』とはっきり伝える①｛の・こと｝です。逆に相手からも、こちらに対する要望をきちんと伝えてもらう。日本人同士②｛は・なら｝、なんとなくお互いに思いやることはありますが、国籍が違う飛行士の場合は難しい。あうんの呼吸はないと思います」

　普段は穏やか③｛でも・なのに｝厳しいですね。

　「怒った④｛としても・といっても｝、キレてはいけないんですよ。一度、信頼を失ってしまうと関係修復にものすごい労力がかかったり、修復できなかったりする。（略）怒りを示すバランス⑤｛は・なら｝考えましたね。常に同じ

パターンのリーダーシップをとってい⑥｛たら・た場合｝、うまくいかないことが多い。訓練で学んだことを生かしました」

頼りたくなる理想のリーダーはいますか。

「困ったなあと思った⑦｛とき・場合｝、私の1回目と2回目の宇宙飛行で米スペースシャトル船長だったブライアン・ダフィーさんを思い出します。ダフィーさんならどうやっていたかなと考え⑧｛ると・る場合｝答えが出てくるんです。」

(日本経済新聞夕刊 2018年8月23日)

〈問1〉｛　｝から適切なほうを選んでください。
〈問2〉下線部の「あうんの呼吸」とはどういう意味だと考えられますか。

(4) 野生のゴリラの間に入って観察できるようになり、私はゴリラの生活をつぶさに知るようになった。そこで見たのは、ある意味で人間よりも道徳的なゴリラの社会だった。ゴリラは弱いもの、小さいものを決していじめない。けんかが（ある：　　　　　　）第三者が割って入り、先に攻撃したほうをいさめ、攻撃されたほうをかばう。そして、相手を（攻撃する：　　　　　　）徹底的に追い詰めたりはしない。ましてや、相手を抹殺しようとするほど激しい敵意を見せることはない。敵意をしめすのは自分が不当に扱われた（①　　　　　　）であり、自己主張をした結果それが相手に（伝わる：　　　　　　）それですむのだ。ここには明らかに人間とは違う敵意の表現がある。ムシャムカに襲われた（②　　　　　　）、私が凍りつくような恐怖を感じなかったのは、ゴリラが抑制の利いた力をしめす能力をもつことを私が感じ取っていた（③　　　　　　）だろう。

(山極寿一『NHKブックス　暴力はどこからきたか　人間性の起源を探る』NHK出版)

注　ムシャムカ：ゴリラの名前

〈問1〉①〜③の（　）の中に適切な接続の言葉を入れてください。①と②は同じ言葉が入ります。
〈問2〉（　）の動詞を適切な形に変えてください。

(5) クイズ

次のうち、法律上の「緊急避難」にあたるのはどれでしょうか。

A ①マンションの隣の部屋で火災が発生した、②あわてて眠っていた子どもを抱く、③煙を避ける、④家の外の駐車場に逃げた。

B ⑤対向車線の車がこちら側にはみだしてきた、⑥とっさにブレーキを踏み左ハンドルを切った、⑦後ろの車が追突し、その運転手がけがをしてしまった。

C ⑧ビルにテロリストが爆弾をしかけたおそれがあるという館内放送があった、⑨すぐに仕事をやめ、非常階段を一気に駆け下りた、⑩ビルの外に出た。

D ⑪気のたった大型犬に咬みつかれそうになった、⑫近くに落ちていた棒で犬の顔をたたいた、⑬防いだ、⑭犬にけがをさせてしまった。

E 強盗が刃物をつきつけてきたので、身をそらしてよけつつ、相手の腕を持って投げ飛ばした。

「避難」とは、どんなときにするものでしょうか。大地震、火事、今どきだとテロもあるかもしれません。いずれにせよ、家や学校、会社、お店、道路などが破壊されるような、災害が起こった場合だと思います。そのようなときに、安全な場所に一時的に移動することを、ふつう「避難」といいます。ところが、法の世界では、ちょっと意味合いがちがいます。ふつう、典型的な「避難」だと思われそうな（　　　）、（　　　）は、法律上の「緊急避難」とはみなされません。

（大河原眞美『裁判おもしろことば学』大修館書店）

〈問1〉 Aの①～④を一つの文にしてください。
〈問2〉 Bの⑤～⑦を一つの文にしてください。「ところ」を一か所使ってください。
〈問3〉 Cの⑧～⑩を一つの文にしてください。
〈問4〉 Dの⑪～⑭を一つの文にしてください。「ところ」を一か所使ってください。
〈問5〉 （　　　）の中に入るのは、A～Eのどれですか。

(6) 骨を振動させることで音を聞かせる「骨伝導ヘッドホン」は、通常のイヤホンやヘッドホンとは異なり、耳を①｛ふさがないため・ふさがないあまり｝、お気に入りの音楽を流しながらも、外からの音をしっかりと聞き取ることができます。これは、骨を振動させて音を聞かせる仕組みなので、耳を②｛ふさいで・ふさがないで｝聞く一般的なイヤホン・ヘッドホンに比べると音漏れは大きくなる傾向にあります。電車など公共の場で③｛使用するときは・使用すると｝周囲の迷惑にならない程度に調節しましょう。

　これまで懸念されていた「音楽に夢中になりすぎて近づいてくる自転車や車に気づかない」という問題もカバーするほか、ヘッドホンを長時間つけていると疲れてしまうという方にもおすすめです。

（SAKIDORI「【2019年版】骨伝導ヘッドホンのおすすめ21選。周囲の音を遮らず安全」
https://sakidori.co/article/44965）

〈問1〉｛　　｝から適切なほうを選んでください。
〈問2〉「骨伝導イヤホン」のメリットについて書かれたものです。下線部の形を変え、一文にしてください。
1．一番のメリットは、耳を<u>ふさぐ</u>　＋　聞ける
2．周囲の音も<u>聞く</u>　＋　イヤホンの音楽も聞ける
3．周りの音が<u>騒がしい</u>　＋　骨を通して音がきちんと聞こえる
4．長時間<u>使用する</u>　＋　耳が疲れにくい
5．耳を<u>ふさぐ</u>　＋　圧迫感を感じない

(7)【質問】何かというと「私って…じゃないですか」と言ってくるのが耳障りです。失礼な表現ではないでしょうか。

【答え】「じゃないですか」という表現はイントネーションの上げ下げで意味が変わります。文末を上がり調子に発すると、「先輩、これって違法じゃないですか？」のように相手にその内容を確認する用法になります。一方、文末を下がり調子に発すると、「ほら、あそこに信号があるじゃないですか」のように、控えめな断定の意味になり、相手に確認するというニュアンスは一層弱まります。これらは、「じゃないですか」そのものの使い方がおかしいというわけではありません。

一方、「ご飯を食べると眠くなるじゃないですか。だから、食べるの控えているんです」の「じゃないですか」は、嫌だと感じる人もそうでない人もいるのではないかと思います。嫌だという人は「ご飯を食べると眠くなることぐらい{言われないのに・言われなくても}わかってる」と感じたのではないでしょうか。

次に、「私って最近引っ越してきたばかりじゃないですか」「私ってすごく忘れっぽい人じゃないですか」ですが、こちらの例の方が嫌だと感じる人は多いだろうと思います。「あなたのことなんて知るわけないでしょ」と腹立たしい気持ちを抱く人は少なくないはずです。他人の知らないプライベートなことを「知っていて当然」という感じで（ A ）や同意を求めているわけですから、押しつけがましくて嫌らしいと受け止められかねない言い方です。話し手だけが知っていて自分が知るはずのないことに（ A ）を求められる・不快に思う人がいるのは当然です。

(北原保雄編『問題な日本語―どこがおかしい？　何がおかしい？』大修館書店)

〈問1〉{　　}から適切なほうを選んでください。
〈問2〉Aに入る言葉は何ですか。
〈問3〉下線部を一文にしてください。

(8) 桜島の御岳は、繰り返し活動しているにもかかわらず、人口60万人をこえる鹿児島市がすぐそばにある、世界的にも珍しい火山である。以前の桜島は文字通り島であった①｛が・けど｝、大正時代の大噴火で大量の溶岩流が流出した際に、大隅半島と陸続きになった。鹿児島市などの桜島の周辺の都市や村落では、火山灰が日常的に降る②｛ため・から｝、さまざまな対策がとられている。例えば、火山灰を除去する専用の車が行政によって運用されている。各家庭には、火山灰を集める袋が配られ、その袋を回収する場所も指定されている。<u>降灰が生じる・霧の中のように見通しが悪くなる・車はライトをつける・ワイパーを動かす・運転する必要がある。</u>

（『高等学校　新地理A』帝国書院）

〈問1〉｛　　｝から適切なほうを選んでください。
〈問2〉下線部を一文にしてください。

2．(1)～(5)は、日本各地の行事や観光地の説明です。下線部を一文にし、それぞれ何の説明か下から選んでください。

さっぽろ雪祭り　　厳島（いつくしま）神社　　京都ぎおん祭り　　仙台たなばた祭り
沖縄竹富島（たけとみじま）　　伊勢（いせ）神宮　　郡上（ぐじょう）おどり　　阿波（あわ）おどり

---

(1) 今からおよそ1,100年前、平安時代に流行した<u>疫病（えきびょう）を鎮める・66本の鉾（ほこ）を作る・疫病の退散を祈願した</u>のが始まりです。大阪の天神祭（てんじんまつり）・東京の神田祭とともに、日本三大祭の一つに挙げられており、その歴史の長いこと、またその豪華さ、祭事が一ヶ月にわたる大規模なものであることで広く知られています。

(2) 元々大通公園は市民が雪かきなどをした雪を捨てに来る場所でした。その雪を利用して雪像を作ることからこの祭りが始まりました。スコップやのこぎりを始め、細かい彫刻などに使う大小のノミ、また、クレーン車などの重機も使います。<u>足場も組む・製作する・まるで建設現場のような雰囲気です。</u>雪像は、<u>水をかける・凍らせる・作っていきます。</u><u>氷雪像が溶け始めた・安全面を考慮して会期中でも像を崩してしまいます。</u>

(3) 海の中に建つ大鳥居(おおとりい)は宮島のシンボル。実はこの大鳥居の根元は海底深く埋められている・自分の重みだけで建っているのです。海底部分は、松材の杭(くい)を打つ・地盤を強化したうえで、その上に布石を並べる・基礎の代わりとしています。まさに先人の知恵のたまもの。数百年前にこれだけの仕掛けを行っているわけですから、改めて驚かされます。

(4) このおどりは400年にわたって城下町で歌い踊り続けられてきたもので、江戸時代に城主が領民の融和を図る・村々で踊られていた盆踊りを城下に集める・「盆の4日間は身分の隔てなく踊るがよい。」と奨励した・年ごとに盛んになったものです。そんな歴史背景からこのおどりは誰もが、つまり観光客も地元の人もひとつ輪になって踊るという楽しさがあるのです。ここにこのおどりは「見るおどり」ではなく「踊るおどり」といわれる理由があります。

(5) ここでは、ハイビスカスを飾ったキュートで可愛らしい水牛が、どっしりとした足跡を残す・シーサーを乗せた水牛車を引いている姿が観られます。赤瓦(あかがわら)の平屋の家や、白い砂が敷き詰められた道、地域の子ども達がはしゃぐ姿など、和やかな風景を水牛車に乗って楽しめます。海の潮風が優しく吹く水牛車に揺られる・この島を眺めてみませんか。何も飾らない平穏で穏やかな住民の生活を水牛車から眺めている・自分までここに暮らしているかのような気分になれます。

参考文献

本書を執筆するに当たり、以下の文献を参考にしました。

庵功雄（2012）『新しい日本語学入門　ことばのしくみを考える　第2版』スリーエーネットワーク

庵功雄・高梨信乃・中西久実子・山田敏弘（2001）『中上級を教える人のための日本語文法ハンドブック』スリーエーネットワーク

市川保子（2007）『中級日本語文法と教え方のポイント』スリーエーネットワーク

沖裕子（1998）「接続詞と接続助詞の「ところで」―「転換」と「逆接」の関係性―」『日本語教育』98号

K. A. I. T.（2003）『実践にほんご指導見なおし本　機能語指導編』アスク

グループ・ジャマシイ（1998）『教師と学習者のための日本語文型辞典』くろしお出版

近藤安月子・姫野伴子（2012）『日本語文法の論点43「日本語らしさ」のナゾが氷解する』研究社

白川博之（1995）「タラ形・レバ形で言いさす文」『広島大学日本語教育学科紀要』5号

───（1996）「ケド」で言い終わる文」『広島大学日本語教育学科紀要』6号

鈴木義和（1994）「条件表現各論―バ／ト／タラ／ナラ―」『日本語学』8月号

高梨信乃（2010）『評価のモダリティ　現代日本語における記述的研究』くろしお出版

田中寛（1989）「逆接の条件文〈ても〉をめぐって」『日本語教育』67号

友松悦子・宮本淳・和栗雅子（1997）『どんな時どう使う日本語表現文型500』（2刷）アルク

仁田義雄（1995）「シテ節の「ハ」による取り立て」『阪大日本語研究』7

日本語記述文法研究会（2008）『現代日本語文法6　第11部複文』くろしお出版

蓮沼昭子（1993）「「たら」と「と」の事実的用法をめぐって」『日本語の条件表現』くろしお出版

蓮沼昭子・有田節子・前田直子（2001）『日本語文法セルフマスターズシリーズ7　条件表現』くろしお出版

前田直子（1991）「条件文分類の一考察」『日本語学科年報』13　東京外国語大学

益岡隆志（2000）「「ながら」とその周辺」『日本語文法の諸相』くろしお出版

宮島達夫・仁田義雄編（1995）『日本語類義表現の文法（下）複文・連文編』くろしお出版

山崎誠・藤田保幸（2001）『現代語複合辞用例集』国立国語研究所

著者

小川　誉子美（おがわ　よしみ）
　　横浜国立大学　国際戦略推進機構　教授

三枝　令子（さえぐさ　れいこ）
　　元一橋大学大学院　法学研究科　教授

イラスト

山本和香

111～112ページの出典

(3)　廿日市市環境産業部観光課
(4)　http://www.gujohachiman.com/kanko/
(5)　「沖縄CLIP」https://okinawaclip.com/ja/detail/1388

日本語文法演習
ことがらの関係を表す表現―複文―改訂版

2004年12月15日　初版第1刷発行
2019年 9月26日　改訂版第1刷発行
2022年12月20日　改訂版第2刷発行

著　者　　小川誉子美　三枝令子
発行者　　藤嵜政子
発　行　　株式会社スリーエーネットワーク
　　　　　〒102-0083　東京都千代田区麹町3丁目4番
　　　　　　　　　　　　トラスティ麹町ビル2F
　　　　　電話　営業　03（5275）2722
　　　　　　　　編集　03（5275）2725
　　　　　https://www.3anet.co.jp/
印　刷　　萩原印刷株式会社

ISBN978-4-88319-802-3　C0081
落丁・乱丁本はお取替えいたします。
本書の全部または一部を無断で複写複製（コピー）することは著作権法上での例外を除き、禁じられています。

■ 日本語文法演習シリーズ

本シリーズは、上級レベルの日本語を適切に産出するために文法をわかりやすく整理・説明し、使い方の練習をする教材です。

●ことがらの関係を表す表現 ―複文― 改訂版
小川誉子美　三枝令子 ● 著
113頁＋別冊23頁　1,430円（税込）〔978-4-88319-802-3〕

●時間を表す表現 ―テンス・アスペクト― 改訂版
庵功雄　清水佳子 ● 著
85頁＋別冊16頁　1,430円（税込）〔978-4-88319-726-2〕

●まとまりを作る表現
―指示詞、接続詞、のだ・わけだ・からだ―
庵功雄　三枝令子 ● 著
84頁＋別冊15頁　1,430円（税込）〔978-4-88319-648-7〕

●助詞 ―「は」と「が」、複合格助詞、とりたて助詞など―
中西久実子　庵功雄 ● 著
59頁＋別冊13頁　1,430円（税込）〔978-4-88319-540-4〕

●話し手の気持ちを表す表現 ―モダリティ・終助詞―
三枝令子　中西久実子 ● 著
84頁＋別冊14頁　1,430円（税込）〔978-4-88319-281-6〕

●敬語を中心とした対人関係の表現 ―待遇表現―
小川誉子美　前田直子 ● 著
102頁＋別冊23頁　1,430円（税込）〔978-4-88319-272-4〕

●自動詞・他動詞、使役、受身 ―ボイス―
安藤節子　小川誉子美 ● 著
80頁＋別冊15頁　1,430円（税込）〔978-4-88319-192-5〕

スリーエーネットワーク
ウェブサイトで新刊や日本語セミナーをご案内しております。
https://www.3anet.co.jp/

日本語文法演習

ことがらの関係を表す表現−複文−改訂版

解答

I 順接条件

ウォームアップ p.2

A. 1. a.（終わ）って b.（終わ）ったら・（終わ）ると c.（終わ）ったら
　　2. a.（行）って b.（行）ったら
　　3. a.（歩き始め）ると b.（思）ったら
　　4. a.（行）って b.（行）って・（行）ったら

B. 1. 開けて　2. 開けると　3. 暑いと　4. 行くなら　5. 買うなら
　　6. 着いたら

1.「と」「ば」「たら」「なら」 p.4

①「と」と「ば」

問1　1. 食べると　2. 走れば　3. 話せば

練習1-1　1. 吹くと　2. 話せば　3. 降ると　4. 取れば

練習1-2　1. 住めば a　2. 歩けば c　3. 積もれば d
　　　　　　4. 交われば b　5. 過ぎれば e

②「たら」と「ば」

問1　1. 片付いたら　2. 起こったら　3. なければ・なかったら
　　　　4. 良ければ

練習1-1　1. 使えない　2. 使えない　3. 使える　4. 使える

練習1-2　上から　ば、たら、と

●「もし」があるときとないとき

問2　a

　　　強い

練習2　1. 使えない　2. 使える

●実際には起こらなかったことを表す「たら」と「ば」

問3　1. 遭わなかった　2. できなかった

　　　状態

練習3　（解答例）
　　　　1. 起業できたのに　2. ディズニーランドに行ったのに

解 答

　　　　　3．間に合っていたかもしれない　4．仕上がらなかったよ
　　　　　5．彼女と知り合うこともなかった

● 「んだったら」

問 4-1　　1．後　2．前　3．後

問 4-2　　1．くんだったら　2．ったら

練習 4　　1．ったら・るんだったら　2．るんだったら
　　　　　3．ったら・ったんだったら　4．くんだったら
　　　　　5．たんだったら　6．ったんだったら

③「たら」と「て」

問 1　　1．て　2．たら　3．たら

練習 1　　1．たら　2．たら　3．て　4．て　5．たら

④「なら」

問 1　　1．と　2．と　3．なら・だったら

練習 1　（解答例）
　　　　　1．牛乳買って来て　2．辞めればいい　3．はちみつ
　　　　　4．私がやろうか　5．清水寺がおすすめだよ　6．AはCより大きい

● 「なら」と「は」

問 2-1　　1．は・なら、なら　2．なら

問 2-2　　1．a．相手の発話を受けている。　b．一般的に述べている。
　　　　　2．a．いろいろな人がいる中で特に君（聞き手）について述べている。
　　　　　　b．君（聞き手）の能力について一般的に述べている。

練習 2　　1．なら　2．は、なら　3．は、なら

p.11　2．条件を表す複合形（発展）

(1) 仮定を表す複合形

①「かぎり」

問 1　　1．明日の山の天気は良さそうだ　2．この建物には自由に入れます

練習 1　（解答例）
　　　　　1．公務員を目指すらしい　2．彼を許さない
　　　　　3．病気はよくならない　4．被害は大きくないようだ
　　　　　5．危険はない

②「ないことには〜ない」

問 1　　1．ある　2．ある

3

練習1 （解答例）
1．いい　2．どちらが正しい　3．決められない
4．次の仕事に取りかかれない

③「ては」
問1　1．勉強ができない　2．悪くなる
練習1 （解答例）
1．勉強に集中できない　2．こんな難しい文章、読めないよ
3．どこへも行けない　4．仕事が終わらない
5．コインランドリーに行くしかない

④「（よ）うものなら」
問1　1．思っていない　2．思っていない
練習1 （解答例）
1．倒産するしかない　2．息がハアハアする
3．嫌みを言われる　4．怒って口も利いてくれない

⑤「くらいなら」
問1　1．我慢する　2．やめない
練習1 （解答例）
1．自分でやったほうが　2．家でのんびりしていたい
3．会社を辞めます　4．何も食べない

(2) 仮定・確定を表す複合形
①「とすれば」「とすると」「としたら」
問1　1．行くとしたら　2．すると　3．落としたとすれば
練習1 （解答例）
1．コンビニ　2．山が見える所　3．明日の夕方
4．さっきの交差点の所　5．これから会社を出る
6．アパートを借りる

②名詞+「ともなると」「ともなれば」
問1　1．物忘れがひどくなる　2．観光地はどこも人でいっぱいだ
練習1 （解答例）
1．花見客でいっぱいだ　2．自活して
3．どこのレストランも混んでいる　4．リクルートスーツを着る
5．ビジネスクラスで出張するのが普通だろう

p.16　3．総合練習

1．(1)始めたら　(2)るなら　(3)望むなら　(4)っては　(5)なら
　　(6)かったら　(7)なら　(8)は　(9)会うとしたら
2．(1)あると　(2)いるなら　(3)出ては
3．(1)乗れば・乗ったら・乗るなら・乗るんだったら　(2)飲むと・飲んだら
　　(3)したければ・したいなら・したいんだったら・したかったら
4．①それなら・それだったら　②なったら　③通ったら
　　④一人分なら・一人分だったら　⑤あったら・あれば　⑥煮立ったら　⑦来たら
5．(1)④　(2)⑥　(3)③　(4)②　(5)⑤　(6)①

II　逆接条件

p.18　ウォームアップ

A．1．a．聞きに来る　b．聞きに来ない　c．来る　d．聞きに来なかった
　　2．a．うまい　b．うまくない　c．なる　d．ならない
B．1．取っても　2．したら　3．しても　4．ったら　5．あっても
　　6．ったら、っても
C．1．たのに　2．くても　3．なのに　4．なくても
D．1．のに　2．が　3．けど　4．くても　5．が

p.20　1．「ても」「のに」「が／けど」

①「ても」と「のに」

問1　　1．なのに　2．いたのに　3．いでも

　　　　仮定、事実

練習1　　1．くても　2．たのに　3．かったのに　4．っても　5．いのに
　　　　　6．しくても

②「たって（だって）」

問1　　1．歩いたって　2．汚くたって　3．子供だって

　　　　話し

| 練習1 | 1．だって　2．したって　3．いだって　4．くたって |

③「のに」と「が／けど」

| 問1 | 1．のに　2．けど |
| 練習1 | 1．が　2．が・のに　3．が・のに　4．が　5．が・のに |

④前置きの「んです（だ）が／けど」

| 問1 | 1．前置き　2．「しかし」の意味　3．前置き |
| 練習1 | （解答例） |

     1．田中さん、離婚したらしいよ

     2．自治体でやさしい日本語という考えが広まっているらしい

     3．ちょうど旧正月で、外国人でいっぱいでした　4．来るんです

     5．ちょっとお願いしたいことがあるんです　6．新聞で読んだんです

p. 23　## 2. 逆接を表す複合形（発展）

(1)「ても」類

①「といっても」

| 問1 | 1．10分で終わる　2．小さな |
| 練習1 | （解答例） |

     1．乗り継ぎで空港に降りただけ　2．ゆでただけ　3．3人だけ

②「と／にしても」

| 問1 | 1．べきだ　2．ひどい　3．結婚する　4．反対した |
| 練習1 | （解答例） |

     1．遊具は置かないつもりだ　2．最善は尽くすべきだ

     3．今更止められない　4．緊張する

     5．告白しないより告白したほうがいい

     6．思うようにならないことはあるだろう

③「（よ）うと」

| 問1 | 1．変わらない　2．上がらない |
| 練習1 | （解答例） |

     1．あなたは好きなようにやるんでしょう　2．一日30分は歩く

     3．テストは受ける　4．意志を曲げない

④「からといって」

| 問1 | 1．幸せとは限らない　2．就職できるとは限らない |

練習1　（解答例）

　　1．日本に（で）生まれた　2．切符が手に入る

　　3．その努力が報われるとは限らない

　　4．何でもわかっているわけではない

⑤「たところで」

問1　1．5分とかからない　2．得られる

練習1　（解答例）

　　1．いくら急いだ　2．薬を飲んだ　3．頼んだ

　　4．計画通りにはいかない　5．解決できる話じゃないよ

⑥「（よ）うにも」

問1　1．集中しようにも集中できない　2．印刷しようにも印刷できない

練習1　（解答例）

　　1．食べようにも食べられない　2．集中しようにも集中できない

　　3．帰ろうにも帰れない　4．道を聞こうにも聞けない

(2)「のに」類

①「くせに」

問1　1．文句が多い　2．負ける

練習1　（解答例）

　　1．やろうとしない　2．認めない　3．見せてもくれない

　　4．大会に出ると言ってる　5．文句だけは言う

(3)「けど」類

①「は／ならともかく（とにかく）」

問1　1．ベストを尽くそう　2．年を取っていたら大変だ

練習1　（解答例）

　　1．人柄は優しい　2．説得力がある　3．中止にはならないよ

　　4．他を探したほうがいいんじゃない

②「ものの」

問1　1．上回った　2．業績が不振だ

練習1-1　1．ある　2．下回った

練習1-2　（解答例）

　　1．形にするのが難しい　2．行く暇がない

　　3．時間が取れないかもしれない　4．宿泊施設は十分ではない

③「にしては」

問1　1．上手だ　2．少ない　3．汚い

練習1　（解答例）
　　　　1．うまくできている　2．上達が早い
　　　　3．チームワークがもうひとつだね　4．混んでいる

④「わりに（は）」

問1　　1．よく食べる　2．なかった

練習1　（解答例）
　　　　1．悪くない　2．質素だ　3．にぶい

●「にしては」と「わりに」

問2　　1．のわりに　2．にしては

練習2　1．のわりに　2．にしては　3．にしては　4．にしては
　　　　5．のわりに

p.32　3．総合練習

1．(1)ても　(2)たのに　(3)なくても　(4)たのに　(5)でも　(6)たが　(7)が　(8)みても
　　(9)するにしても

2．(1)②　(2)①　(3)③　(4)④

3．(1)③　(2)⑤　(3)④　(4)⑥　(5)②　(6)①

4．（解答例）
　　(1)飲も、飲め　(2)できるとは限らない
　　(3)やってくれない　(4)わかってくれないだろう

Ⅲ　時の表現

p.34　ウォームアップ

A．1．a．沖縄に行って
　　　　b．沖縄に行く場合
　　　　c．沖縄に行くとき
　　2．a．メールを書いていて
　　　　b．メールを書いていた（いる）とき

B　1．アメリカに行く（行った）とき
　　2．ボールを投げたら
　　3．一度食べたら

　　　　4．電車の時間を調べるとき
　　　　5．おじさんに会ったら
C　1．日本　2．中国
D　1．と　2．とき　3．場合　4．場合　5．なら　6．れば　7．と
　　8．うちは　9．ときに　10．うちに

p.36　**1. とき（に）は**

①「るとき」と「たとき」

問1-1　　1．正しい　2．正しい
問1-2　　1．a　2．a
問1-3　　1．正しい　2．正しい
問1-4　　1．a　2．a
練習1-1　　1．る、た　2．った　3．いた　4．する　5．した　6．う
練習1-2　　（解答例）
　　　　　1．キッチンのデザインにこだわった
　　　　　2．お祝いに絵をプレゼントしてくれた

②「とき（に）」「ときは」

問1　　1．とき（に）　2．ときは　3．とき（に）
練習1-1　　1．ときに　2．ときは　3．ときに　4．ときに　5．ときに
　　　　　6．ときは　7．ときに　8．ときは
練習1-2　　（解答例）
　　　　　1．今の会社の社長と知り合った　2．毎日楽しかった
　　　　　3．夫が大病した　4．子供を親に預けたり、子育てが大変だった

③「うちに」と「うちは」

問1　　1．うちに　2．うちは　3．うちに
練習1　　1．うちに　2．うちは　3．うちは　4．うちに　5．うちに
　　　　　6．うちは

④「る/たとき」と「と」

問1　　1．起こったとき　2．食べると
練習1　　1．とき　2．と　3．んだとき　4．と　5．とき

⑤「たとき」と「たら」

問1　　1．たとき　2．たら
練習1　　1．たら　2．たとき　3．たら　4．たとき　5．たとき　6．だら

p.41 **2. 場合（に）は**

① 「場合」と「とき」

問1 1．とき　2．場合　3．とき　4．場合

練習1 1．とき　2．とき・場合　3．とき　4．とき・場合　5．とき
　　　　6．とき・場合

問2 1．とき　2．場合

練習2 1と3

② 「場合（に）は」「場合に」

問1 1．（に）は　2．に

練習1 1．に　2．は　3．に　4．に

③ 「場合」と「たら」

問1 1．読んだら　2．する場合

練習1 1．借りる場合　2．したら・した場合は　3．なる場合は

④ 「場合」と「なら」

問1 1．場合・なら　2．なら

練習1 1．なら　2．の場合　3．なら　4．場合

p.44 **3. 時を表す表現（発展）**

① 「をきっかけに（して）」

問1 1．山登りが好きになった　2．水に対する関心が高まった

練習1 （解答例）
　　　　1．持つようになった　2．上がった　3．延長された
　　　　4．食べ物に気を配るようになった　5．日本のアニメを見たの

② 「なり」

問1 1．怒りだした　2．教室を飛び出した

練習1 （解答例）
　　　　1．吐き出した　2．ハグされた　3．座席に飛び上がった
　　　　4．犬が走り出てきた

③ 「次第」

問1 1．始めます　2．担当者に連絡します

練習1　1．止み　2．取れ　3．戻り　4．下り

④「末に」

問1　1．考えた　2．議論

練習1　（解答例）
1．仕事を断った　2．計画を取りやめた　3．留学することにした
4．電柱に衝突した　5．親戚に借金を申し込んだ

p.47　**4．総合練習**

1．(1)ると　(2)だら　(3)とき　(4)だら　(5)たとき　(6)たら　(7)たとき　(8)たとき
(9)たら　(10)くとき　(11)たら

2．(1)ときに　(2)ときは　(3)うちに　(4)ときに　(5)ときに　(6)ときは　(7)うちは
(8)うちに　(9)場合に　(10)場合は

3．(1)降ったら

とき：「Xとき」のXは仮定を表せないため。

と：「行かないつもりだ」が話し手の意志を表していて、自然に起こることではない。

(2)降ったら・降ると

とき：「雨が降るとき」は「雨が降る直前」も含むので、雨が降っていないときも自転車が使えないという意味になる。

(3)痛いとき

たら：歯が痛いことと友達が来たことの間に時間的な関係がない。

と：友達が遊びに来たのは自然に起こることではない。

(4)痛いと

とき：歯が痛くて勉強に集中できないのは自然現象なので「と」が自然。「歯が痛いときは、勉強に集中できない」とすれば、集中できないという状態がいつかを説明する文になり、自然になる。

(5)会うときに・会ったら

と：「相談しよう」が話し手の意思を表していて、自然に起こることではないため。

4．(1)③　(2)②　(3)④　(4)①

5．（解答例）
(1)文句を言い始め　(2)テニスを始めた　(3)寮を出ることにし
(4)いいラケットを買いたい

Ⅳ 原因・理由

p. 49 　ウォームアップ

A．（解答例）
1．技術が進歩したために、現代人は堕落した。
　技術が進歩したばかりに、現代人は堕落した。
　技術が進歩したせいで、現代人は堕落した。
2．両親から援助を受けて、彼の留学が実現した。
　両親から援助を受けたおかげで、彼の留学が実現した。
　両親からの援助があったからこそ、彼の留学が実現した。

B．1．a　2．a　3．c　4．b
C．1．a　2．a　3．a

p. 51 　**1．基本的な形**

①「から」と「ので」

問1　　1．から　2．から　3．から　4．ので
練習1　1．から　2．から　3．から　4．ので

●理由以外の「から」「ので」

問2　　1．理由ではない　2．理由ではない　3．理由ではない
練習2-1　1．来週返すから　2．すぐ終わるから　3．すぐ行くから
　　　　　4．連絡しますので
練習2-2　1．一度でいいから　2．一目でいいから　3．お願いだから

②「て」「なくて」

問1　　1．熱いから　2．熱くて・熱いから　3．来ないから
　　　　　4．来なくて・来ないから
練習1-1　1．b　2．b　3．a　4．b
練習1-2　1．d．親友の訃報を知って　2．c．近所にスーパーができて
　　　　　3．b．笑いすぎて　4．a．階段から落ちて
問2　　1．a　2．a　3．a
練習2　1．c．全員と連絡が取れて　2．a．10年ぶりに家族に会えて
　　　　　3．b．日本で生卵を食べるのを知って
　　　　　4．d．両親から連絡が来なくて

③「ため（に）」

問1-1　1．a　2．a

問1-2　1．ため　2．ため

練習1　1．発生したため　2．達したため　3．しているため

　　　　4．見られたため　5．遅れたため

p.58　2. 話し手の判断を含む形式

①「んですから（のだから）」

問1-1　1

問1-2　1．b　2．b

練習1　（解答例）

　　　　1．もう三日も高熱が続いているんだから

　　　　2．あれだけ練習したんだから　3．奨学金をもらっているんだから

　　　　4．疲れているんだから　5．人生一度きりなんだから

問2　1．小さかったので　2．遅れたので　3．熱があるので

練習2　1．忙しいんですから→忙しくて・忙しいので

　　　　2．読みたいんですから→読みたいので・読みたいんですが

　　　　3．寝坊したんですから→寝坊して（寝坊したので）

②「おかげで」と「せいで」

問1　1．おかげで　2．せいで（おかげで）

練習1　1．b　2．a

③「からには」と「以上（は）」

問1　1．a　2．a　3．a

練習1-1　（解答例）

　　　　1．からには、盛り上げたい　2．からには、万里の長城を訪れたい

　　　　3．以上、一生懸命日本語を勉強しようと思う

　　　　4．からには、富士山が見えるんだろう

　　　　5．以上は、最後まで責任を持って世話をしてください

練習1-2　1．最後までやるしかない　2．やらざるを得ない　3．従うしかない

④「からこそ」

問1　1

練習1　1．厳しい環境だった　2．忙しい　3．価値観が違う

　　　　4．男と女は違うから　5．禁止されているのにやってしまったんです

⑤「ばかりに」

問 1-1 好ましくないこと

問 1-2 1．ばかりに 2．ばかりに

問 1-3 1．b 2．b

練習 1-1 （解答例）
1．大木の下に駐車したばかりに、鳥にふんをされてしまった
2．事件当日、うちにいたばかりに、アリバイがないといって疑われてしまった
3．飲み会に車で来てしまったばかりに、お酒が飲めなかった
4．男は、女が布を織っているところを見てしまったばかりに、その女と永遠に会えなくなってしまった

練習 1-2 （解答例）
1．会いたいばかりに 2．言われたいばかりに
3．行きたいばかりに 4．逃れたいばかりに
5．早く仕事を終わらせたいばかりに

⑥「あまり（に）」

問 1 1

練習 1-1 1．思うあまり 2．期待するあまり 3．読みたいあまり
4．追求するあまり

練習 1-2 1．緊張 2．うれしさ 3．恐怖

⑦「だけに」と「だけあって」

問 1-1 1

問 1-2 1．味は間違いない 2．サービスも行き届いている

問 1-3 1．不合格だったことは人に言えない 2．この合格は本当にうれしい

練習 1-1 1．e 2．b 3．c 4．a 5．d

練習 1-2 1．血液型に詳しい人 2．ステレオに詳しい人 3．絵がうまい人

練習 1-3 メダリストだけあって／だけに、メダリストだけに

⑧「がゆえに／の」

問 1 2

練習 1 1．がゆえに 2．であるがゆえに 3．がゆえに／の 4．がゆえに

⑨「し」

問 1 1．「雨が止んだ」は、「帰る」理由の一つ。
2．「雨が止んだ」は、「帰る」唯一の理由。

練習1 （解答例）
1．もう時間も遅いし、先に帰ってもいいですか
2．田中さんも来るし、是非、参加してほしいんですが
3．相手チームもすごく強かったし、仕方がないよ

⑩二つ以上の原因・理由・きっかけ

問1
1．急に冷え込んで、風邪を引いたので／ため、旅行に行けなかった
2．人口が減ったため／ので、税収が減少し、税率を上げた

練習1
1．観光客が増加したので、経済が活性化し、都会に出た若者が戻って、町は活気を取り戻した。
2．スマートフォンが普及し、コミュニケーションの形態が変わったため、人との付き合い方も変化した。
3．熱帯夜が続き、睡眠不足になったため、朝起きられず／なくて、生活のリズムが崩れた。
4．景気が回復し、新卒の採用が増え、大手企業に学生が集まるようになったため、中小企業は苦戦を強いられている。

p.68　3．総合練習

1．(1)がゆえに　(2)ため、から　(3)がゆえに　(4)ため、ため　(5)から
2．(1)大都会では森林浴ができる機会がない。
　　(2)暑い夏は、汗をかかない冷たいものが好まれる。
　　(3)中小企業は大企業ほどできることが多くない。
3．(1)あまり　(2)だけに　(3)以上　(4)だけあって　(5)んだから

Ⅴ　形式名詞でつなぐ

p.70　ウォームアップ

A．1．の　2．の・こと　3．こと　4．彼女・彼女のこと　5．友達のこと
　　6．もの　7．こと
B．1．a　2．a
C．1．a　2．b　3．b

p.72 **1.「こと」の用法**

①「こと」と「もの」

問1　1．もの　2．こと　3．もの　4．こと
練習1　1．こと　2．もの　3．こと　4．こと　5．こと　6．こと

②名詞＋「のこと」

問1-1　1．二人→二人の名前や存在について
　　　　二人のこと→二人に関する事情、性格、内容について
　　　2．山本さん→山本さんの名前や存在について
　　　　山本さんのこと→山本さんに関する事情、性格、内容について
　　　3．おばあちゃん→おばあちゃんの名前や存在について
　　　　おばあちゃんのこと→おばあちゃんに関する事情、性格、内容について

問1-2　1．③　2．②　3．①　4．①
練習1　2、4、7

p.74 **2.「の」の用法**

①名詞化

問1　1．の・こと　2．こと　3．こと
練習1　1．こと　2．の　3．こと

②「の」「こと」と動詞

問1-1　1．の　2．こと　3．こと・の
問1-2　1．a．話している内容　b．話しているという状況
　　　2．a．先生が説明している内容　b．先生が説明している声
練習1　1．こと　2．こと・の　3．の　4．こと・の　5．こと・の
　　　6．こと・の　7．の

③「～のは～だ」

問1　b
練習1-1　1．優勝した（のは）札幌に住む15歳の山下れいさんです
　　　　2．点を取られてしまった（のは）相手が強いからだ、
　　　　　点を取られてしまった（のは）ディフェンスのコンビネーションが悪かったから

3．好きな（のは）黒じゃなくて白だよ

練習1-2　武士が政治を行うようになるのは、鎌倉時代になってからです

p.78　3.「ところ」の用法

①「ところ」の意味

問1　　1．場面　2．場所　3．範囲

練習1　1．b　2．e　3．c　4．d　5．a

②「XところY」

問1　　1．b　2．b　3．a　4．b

練習1　1．a　2．a　3．a　4．b　5．b

③「Xところ（で・に・を）Y」

問1　　1．で　2．に　3．を　4．を

練習1　1．食事をしていたところに知り合いが訪ねて来た。
2．苦しいコースを走りゴールをしたところで倒れてしまった。
3．40歳になったところで酒とたばこをやめた。
4．不合格かもしれないと諦めかけていたところに合格通知が来た。
5．町をぶらぶら歩いていたところを友達に呼び止められた。
6．彼と買い物をしていたところを母に見られた。

p.81　4. 総合練習

1．(1)こと、こと　(2)ところ、こと　(3)こと　(4)ところに　(5)ところで
2．なんと、中から、さっきの赤いドレスの女が出てきた。
　　→なんと、中から出てきたのは、さっきの赤いドレスの女だった。
3．(1)ところで　(2)こと　(3)もの　(4)ところに　(5)ところを

Ⅵ　つなぐ表現

p.83　ウォームアップ

A．1．ように　2．ために、ために　3．買いに　4．ように、と　5．ように
B．1．c　2．a　3．b　4．c　5．a　6．b

p.85　1. 目的 ―「ために」「ように」「のに」「に」―

①「ために」「ように」

問1　1．ように　2．ために　3．ように

練習1-1　1．（便利）なように　2．（起）こさないように
　　　　　3．（忘）れないために・（忘）れないように
　　　　　4．（勝）つために・（勝）てるように

練習1-2　（解答例）
　　　　　A．1．ために、ゲームを用意した
　　　　　　　2．ように、椅子をたくさん用意した
　　　　　　　3．ように、歌を歌った
　　　　　B．1．ように、易しい言葉を使う
　　　　　　　2．ように、大きい声で話す
　　　　　　　3．ために、毎日小テストをする

②「のに」「に」

問1　1．エアコンは不可欠だ　2．設立するのに　3．返しに

練習1-1　1．このサイトにリンクを張るのに許可が必要らしい。
　　　　　2．100㎡の家を建てるのに木を90本使うという。
　　　　　3．忘れ物を取りにうちに戻った。
　　　　　4．友達を迎えに空港へ行って来た。
　　　　　5．飲み物を買いに駅前のコンビニへ行った。

練習1-2　その場所で行う典型的・日常的な目的の場合は「に」を使うため。

p.87　2. 引用

①引用文

問1　1．すぐ来て　2．すぐ来る　3．すぐ行く　4．すぐ来る

練習1-1　1．のないように　2．登録は金曜までにお済ませくださいますように
　　　　　3．いい仕事が見つかる／見つかります
　　　　　4．すぐに審議を開始すべきだ、すみやかに審議を開始するべきだ

練習1-2　今度の週末に後輩たちと一緒に行こうとたけしを、後輩たちに連絡するように

②引用のモダリティ

問1　1．a．断定的に述べている　b．婉曲的に述べている

2．a．事実を述べている　b．事実と違うことを述べている
3．a．「思う」の主体は話し手
　　b．「思う」の主体は話し手以外の一般

練習1　1．だったように　2．かのように　3．と推測される、と推測されている　4．と考えられている

③「という」

問1-1　1．コストがかかりすぎるという指摘、斬新だという評価
2．働きたいという意志

問1-2　李凡さんという人

問1-3　「というもの」の前に来る名詞の本質を表す

練習1-1　1「間違っている」指摘　2、3

練習1-2　あすかは李凡さんを知っているのに、マリアが「という」を使ったため、あすかに李凡さんを知らない人かと思わせてしまったから。

練習1-3　1．宇宙というもの　2．記憶というもの　3．幸せというもの
4．オフセット印刷というもの、シルク印刷というもの
5．一人暮らしというもの

p.92　3．て形・連用中止形・なくて

①て形

問1　1．d　2．a　3．b　4．c

②連用中止形

問1　1．気をつけて　2．おり　3．長くて

練習1-1　2

練習1-2　1．ジャケットを着て、トランクを持ち、帽子をかぶって、出かけた。
2．製品を袋に入れて、封をし、箱に詰めて、送り状を貼り、出荷する。
3．昨年、本社に転勤になり、今月でちょうど1年になります。昨年秋までは、人事課で採用を担当しており、この半年は特に新人教育を行っております。

③「なくて」「ないで」「ずに」「ず」「なく」

問1　1．ないで・ずに　2．なくて　3．ないで・ずに・ず

練習1　1．ないで・ずに　2．ないで・ずに　3．なくて・ず
4．なくて・ず　5．なくて　6．ないで・ずに・ず
7．ないで・ずに・ず　8．なくて・なく　9．なくて・なく

問2	1．なくて　2．なくて　3．ないで
練習2	1．蒸し暑くなくて　2．ためじゃなくて　3．使わないで
	4．なくて

p.96　4．付帯状況・例示

①「ながら」

問1-1	1．子供たちの様子を観察した　2．音楽を聞きながら
	3．歩きながら
問1-2	1回限りの動作ではない
問1-3	1．台風は勢力を弱めながら、北上した。
	2．細胞は、分裂を繰り返しながら、分かれていく。
練習1-1	1．Shiftキーを押しながら、クリックしてください。
	2．弱火で熱しながら、手早くかき混ぜてください。
	3．参加者の意見を聞きながら、結論をまとめたい。
	4．新製品の開発では、機能を充実させながら、低コストを目指す。
	5．目に涙を浮かべながら、さようならと言った。
練習1-2	1．1　2．2　3．3　4．3　5．1　6．2

②「まま」「つつ」「っぱなし」

問1-1	1．b　2．a
問1-2	1．付けたまま・付けっぱなしにして　2．言われっぱなしで
	3．食べながら　4．検討しつつ・検討しながら
練習1-1	1．a・見ないで　2．b・飛びながら
練習1-2	1．犯人が見つからないままその事件は来月時効を迎える。
	2．パソコンを買ったまま、一度も使ったことがなく、ほこりをかぶっている。
	パソコンを買ったが、一度も使わないまま、ほこりをかぶっている。
	3．質問の時間が与えられないまま、会はそのまま閉会した。
練習1-3	1．うるさい　2．お風呂に入った　3．言いっぱなし
	4．ながら・つつ　5．ながら

③「がてら」「ついでに」「かたわら」「かたがた」

問1	2、4、6
練習1	1．（お礼）かたがた　2．息抜きがてら　3．ドライブがてら
	4．（行く）ついでに　5．（経営する）かたわら

6．（教師）として教えるかたわら　7．（行く）ついでに

④「と」「やら」「なり」

問 1-1　1．と　2．と　3．と

問 1-2　好ましく思っていない

問 1-3　a

練習 1-1　（解答例）
1．と感染する　2．と肉料理を　3．と思い思いの格好

練習 1-2　1．行くのやら行かないのやら連絡もなくてわからない。
2．誰が来るのやら、何人来るのやら わからず、料理の準備ができない。
3．DM やら請求書やらで机の上は雑然としている。
4．保険料やら学費やらで今月も出費がかさむ。

練習 1-3　（解答例）
1．水につける
2．いろいろな人と交流するなり、勉強する
3．こまめに手紙を書く

p.103　5．総合練習

1．(1)と　(2)止まったまま　(3)やら、やら　(4)しながら
2．(1)批判をしないで／せず（に）　(2)思って・思い　(3)しないで・せず（に）
(4)耐えられず（に）・耐えられなくて　(5)離れて・離れ
3．①ように　c　②ように　d　③ように　a　④ために　e　⑤ように　b
4．(1)散歩しがてら、花火見物に出かけた。
(2)信仰心というものには何の興味もないまま育ってきた。
(3)今日は、一日中立ちっぱなしで、足が痛い。
(4)彼女は、パン屋を営むかたわら花の写真を専門とする有名な写真家でもある。
(5)この観光コースは、自然を満喫しながら、歴史を楽しむこともできる。

p.105　総合演習　解答

1．

(1)〈問1〉考えず・考えないで
〈問2〉ものの
〈問3〉Aだったら・なら　Bとしても

(2)〈問1〉①けど ②と ③ながら ④し
(3)〈問1〉①こと ②なら ③なのに ④としても ⑤は ⑥たら ⑦とき ⑧ると
　〈問2〉一緒に一つのことをするとき、はっきり言わなくてもお互いの気持ちなどが一致すること。
(4)〈問1〉①とき ②とき ③から
　〈問2〉ある→あれば・あっても・あったら・あると　攻撃する→攻撃しても
　　　　伝わる→伝われば・伝わったら
(5)〈問1〉A　マンションの隣の部屋で火災が発生したので、あわてて眠っていた子どもを抱き、煙を避けながら家の外の駐車場に逃げた。
　〈問2〉B　対向車線の車がこちら側にはみだしてきたので、とっさにブレーキを踏み左ハンドルを切ったところ、後ろの車が追突し、その運転手がけがをしてしまった。
　〈問3〉C　ビルにテロリストが爆弾をしかけたおそれがあるという館内放送があったので、すぐに仕事をやめ、非常階段を一気に駆け下りて、ビルの外に出た。
　〈問4〉D　気のたった大型犬に咬みつかれそうになったので、近くに落ちていた棒で犬の顔をたたいて防いだところ、犬にけがをさせてしまった。
　〈問5〉A、C
(6)〈問1〉①ふさがないため　②ふさいで　③使用するときは
　〈問2〉1．ふさがないで・ふさがず（に）　2．聞きながら　3．騒がしくても
　　　　4．使用しても　5．ふさがないので
(7)〈問1〉言われなくても
　〈問2〉共感
　〈問3〉話し手だけが知っていて自分が知るはずのないことに共感を求められるのですから不快に思う人がいるのは当然です。※下線部は「求められると」、「求められるので」等も可。
(8)〈問1〉①が　②ため
　〈問2〉例：降灰が生じると霧の中のように見通しが悪くなるため、車はライトをつけ、ワイパーを動かしながら運転する必要がある。

2．
(1)疫病を鎮めるために、66本の鉾を作って、疫病の退散を祈願した：京都ぎおん祭り
(2)足場も組んで製作するので、まるで建設現場のような雰囲気です
　　水をかけて凍らせながら作っていきます

氷雪像が溶け始めた場合は、安全面を考慮して会期中でも像を崩してしまいます：さっぽろ雪まつり

(3)海底深く埋められているのではなく、自分の重みだけで建っているのです
松材の杭(くい)を打って地盤を強化したうえで、その上に布石を並べて基礎の代わりとしています：厳島(いつくしま)神社

(4)領民の融和を図るために、村々で踊られていた盆踊りを城下に集め、「盆の4日間は身分の隔てなく踊るがよい。」と奨励したため年ごとに盛んになったものです：郡上(ぐじょう)おどり

(5)どっしりとした足跡を残しながらシーサーを乗せた水牛車を引いている
水牛車に揺られながら、この島を眺めてみませんか
住民の生活を水牛車から眺めていると、自分までここに暮らしているかのような気分になれます：沖縄竹富島(たけとみじま)